DOCUMENTS POUR SERVIR A L'HISTOIRE DE LA CÉRAMIQUE
DANS LE SUD-OUEST DE LA FRANCE

IV

NOTES ET DOCUMENTS
SUR QUELQUES
ANCIENNES FAIENCERIES
DE L'AGENAIS ET DU BAZADAIS

PAR

ERNEST LABADIE

AGEN
MAISON D'ÉDITION ET IMPRIMERIE MODERNE
43, rue Voltaire, 43

1908

Don de l'Auteur

NOTES ET DOCUMENTS

SUR QUELQUES

ANCIENNES FAIENCERIES DE L'AGENAIS ET DU BAZADAIS

OUVRAGES DU MÊME AUTEUR

Documents pour servir à l'Histoire de la Céramique dans le Sud Ouest de la France.

I. — Lettres sur la Céramique : Correspondance de Jacques Hustin, faïencier bordelais (1715-1720). — *Bordeaux*, 1904. in 8°.

II. — Le Pharmacien Bordelais Marc-Hilaire Vilaris et la découverte du premier gisement de kaolin en France — (1766-1768) *Revue philomathique de Bordeaux*, 1907. Tirage à part.

III. — Notes et Documents sur quelques faïenceries et porcelaineries de la Gascogne au XVIIIe siècle (Samadet, Bayonne, Saint-Maurice et Ligardes ; Dax, Ciboure et Pontenx). — *Revue de Gascogne*, 1907-1908. Tirage à part.

EN PRÉPARATION

Notes et Documents sur quelques faïenceries du Périgord au XVIIIe siècle.

Notes et Documents sur trois faïenceries du Libournais au XVIIIe siècle : Libourne, Fronsac et Lussac.

Pierre-Honoré Boudon de Saint-Amans, céramiste à Bordeaux.

Une Manufacture bordelaise de porcelaine au XVIIIe siècle.

Histoire des faïences bordelaises des XVIIIe et XIXe siècles.

DOCUMENTS POUR SERVIR A L'HISTOIRE DE LA CÉRAMIQUE
DANS LE SUD OUEST DE LA FRANCE

IV

NOTES ET DOCUMENTS

SUR QUELQUES

ANCIENNES FAIENCERIES

DE L'AGENAIS ET DU BAZADAIS

PAR

Ernest LABADIE

AGEN
MAISON D'ÉDITION ET IMPRIMERIE MODERNE
13, rue Voltaire, 13

1908

Extrait de la *Revue de l'Agenais*

Tiré à cinquante exemplaires

AVANT-PROPOS

Dans la seconde moitié du XVIIIe siècle chaque province, en France, possédait une ou plusieurs faïenceries. Alors que les grandes manufactures, comme celles de Nevers et de Rouen étaient au point de vue de la qualité des produits en pleine décadence, on installait partout des fabriques de second et même de troisième ordre. Cet état de choses était dû à deux causes principales, d'abord à l'expiration du privilège des grands ateliers qui donnait la liberté à ce genre d'industrie, et, en second lieu, à la concurrence que ces faïenceries rencontraient dans les faïences fines importées d'Angleterre et livrées au public à des prix très avantageux (1) et à l'avénement d'un nouveau produit céramique, la porcelaine, qui, fabriquée en

---

(1) On sait la vogue qu'eurent au XVIIIe siècle en Angleterre et en France ces faïences fabriquées dans le comté de Stafford et qui furent poussées au dernier degré de perfection par le célèbre Josiah Wedgwood de Burslem. Un Agenais qui porte un nom célèbre, Pierre-Honoré Bondon de Saint-Amans, fils du naturaliste, essaya d'établir aux portes de Bordeaux, à Blanquefort, en 1829, avec des commanditaires, MM. Lahens et Rateau, négociants bordelais, une fabrique de faïences à la façon anglaise. Mais cette tentative ne réussit pas. A la suite d'un procès avec ses associés, Saint-Amans céda ses procédés à David Johnston, le propriétaire de la grande faïencerie de Bacalan à Bordeaux, et se retira dans ses propriétés de Lamarque dans l'Agenais où il continua à se livrer à ses essais de fabrication. On peut voir de fort intéressants spécimens de ces produits au Musée d'Agen.

France à cette époque (1), était préférée aux belles faïences à cause de la légèreté, de la blancheur et de la transparence de la pâte et de la finesse de son décor. C'est pour cela que vers 1770 les grandes manufactures se mirent à faire du commun, c'est-à dire du bon marché, pour pouvoir lutter contre la concurrence des faïences anglaises et de la porcelaine.

Ce qui se passa à ce moment à Bordeaux, peut être cité comme exemple de ce qui eut lieu dans d'autres parties de la France.

La capitale de la Guyenne posséda pendant la première moitié du XVIIIe siècle une manufacture de faïence, manufacture royale qui, établie au début du siècle par Jacques Hustin, avait le monopole de cette fabrication jusqu'à dix lieues à la ronde (2). En somme, ce fut la seule faïencerie qui existât dans l'ancien Bordelais pendant cette période et dès qu'on essayait d'établir une autre fabrique dans cette zone et même au-delà, Hustin faisait valoir son privilège en s'opposant à la création d'un autre atelier.

C'est ce qui arriva pour Libourne notamment. Vers 1758, un négociant bordelais qui avait déjà fondé une verrerie dans cette ville (3), malgré l'opposition de la veuve Mitchell, propriétaire de la verrerie de Bordeaux, voulut y installer également une faïencerie et adressa dans ce but une demande au Conseil du Roy. Immédiatement Hustin réclama en produisant son privilège. Mais le négociant bordelais employa un argument assez habile en faisant ressortir que si Libourne n'était pas à dix lieues de Bordeaux par la voie de terre, la distance entre ces deux villes était de plus de dix lieues « par la

---

(1) Ce n'est qu'à partir de 1773 qu'on arriva à pouvoir fabriquer d'une manière courante de la porcelaine dure en France, à la suite de la découverte du premier gisement de kaolin en France due au pharmacien bordelais Marc-Hilaire Vilaris, sur lequel nous publions en ce moment une notice. Cette fabrication commença à la manufacture royale de porcelaines de Sèvres vers 1769 et fut continuée par d'autres fabriques comme celles de Vaux (Seine-et-Marne), de Limoges (1673), de La Seynie près Limoges (1774), d'Orléans (1774) et les nombreuses fabriques de Paris.

(2) Lettres-patentes en date du 13 novembre 1714, confirmées en 1738 et renouvelées en 1729 et en 1752.

(3) Arrêt du Conseil du 26 juin 1748.

mer, la seule voie possible pour le transport des marchandises lourdes » et finalement il obtint gain de cause et l'autorisation de construire une faïencerie lui fut accordée (1).

En 1762 le privilège de Hustin expire et, malgré sa demande, n'est pas renouvelé. L'industrie de la faïence devient libre à Bordeaux et nous voyons alors surgir dans la ville plusieurs fabriques créées par des ouvriers de la manufacture du faubourg Saint-Seurin qui viennent faire concurrence à leur ancien patron et l'obligent même à éteindre ses fours (2). A la veille de la Révolution on comptait à Bordeaux huit faïenceries, mais la qualité de leurs produits était bien inférieure à celle des faïences de Hustin, c'était la lutte pour le bon marché dont nous venons de parler contre les faïences anglaises et la porcelaine.

D'autres faïenciers s'établirent ou firent des tentatives d'établissement, dans la région du Bordelais à Podensac, Sadirac et Lignan, dans le Libournais à Fronsac et à Lussac, dans le Périgord à Bergerac, au Fleix, à Thiviers et au Bugue, en Gascogne à Saint-Maurice, à Ligardes et à Bayonne, dans l'Agenais à Moncaut, Laplume, Monsempron, Nérac, Sainte-Foy-la-Grande, et enfin dans le Bazadais à Bazas et à Meilhan.

Nous n'avons pas l'intention d'écrire l'histoire de toutes ces faïenceries du Sud-Ouest, mais en faisant des recherches sur les fabriques du Bordelais nous avons rencontré des documents sur les autres ateliers de la Guyenne et de la Gascogne et nous croyons devoir les signaler aux érudits qui voudraient pousser plus loin ces investigations sur ces faïenceries peu connues ou absolument ignorées.

---

(1) Arrêt du Conseil du 18 janvier 1757. La faïencerie de Libourne et ses produits sont peu connus, mais nous possédons des documents sur cette fabrique et sur celles de Fronsac et de Lussac dans le Libournais qui n'ont jamais été citées.

(2) C'est en 1781 que la veuve Hustin vendit la majeure partie des terrains de la faïencerie aux frères Laclotte, architectes, qui, après avoir ouvert la rue Victoire-Américaine, morcelèrent ce vaste emplacement. La veuve Hustin ne garda que l'hôtel du coin de la rue Hustin et du cours du Jardin public où ses descendants ont habité jusque vers 1830.

Nous avons en ce moment en publication dans la *Revue de Gascogne* des *Notes et Documents sur quelques Faïenceries et Porcelaineries de la Gascogne au* XVIIIe *siècle* (1), nous publierons peut-être plus tard des documents que nous avons trouvés sur les ateliers céramiques du Périgord, nous venons aujourd'hui faire connaître des faïenceries qui ont existé au XVIIIe siècle dans l'Agenais et le Bazadais.

ERN. L.

Bordeaux, juillet 1907.

(1) Voy. La *Revue de Gascogne*, numéros de juin 1907 et suivants.

NOTES ET DOCUMENTS

SUR

QUELQUES ANCIENNES FAIENCERIES

DE L'AGENAIS ET DU BAZADAIS

I. — FAIENCERIES DE L'AGENAIS

(Sainte-Foy-la-Grande — Nérac — Monsempron — Saint-Savin)

Quelques-uns des auteurs qui ont écrit sur l'histoire générale de la faïence ont compris l'Agenais dans leur nomenclature, mais ils n'ont pu citer qu'une seule fabrique, celle de Laplume, près d'Agen, d'après la liste de Glot, dressée en 1790, liste très incomplète qui ne donne que cent soixante-cinq manufactures pour toute la France, alors que de l'aveu du rédacteur de cette liste lui-même, il y en avait à cette époque plus de deux cent soixante, sans compter les potiers de terre (1). Il ne faut donc pas s'étonner si sur cette liste ne sont pas portées des faïenceries comme celles de Moncaut et de Sainte-Foy-la-Grande.

Le premier auteur qui nous ait fait connaître le principal centre de fabrication de l'Agenais est M. G. Sabatier, collectionneur, qui a publié dans la *Revue de l'Agenais*, en 1898, une excellente notice sur les anciennes faïenceries de cette

(1) On appelle « liste de Glot » le *Cahier des doléances des Maîtres potiers* réclamant en 1790 à l'Assemblée nationale contre le traité de commerce de 1786 avec l'Angleterre qui était ruineux pour les céramistes français. Les faïenciers avaient chargé le sieur Glot, propriétaire de la manufacture de Sceaux, de rédiger leurs doléances et c'est pour cela que ce document, qui est conservé aux Archives départementales de la Nièvre, porte le nom de cet industriel.

province, celles de Moncaut et de Laplume (1). Cet érudit nous apprend qu'il y avait vers le milieu du XVIIIme siècle, à Moncaut, village à 12 kilomètres d'Agen, sur la route de Nérac, trois fabriques et une à Laplume, non loin de Moncaut. M. Sabatier nous décrit parfaitement les produits de ces ateliers, mais il n'a trouvé, sans doute, aucun document les concernant, car il n'indique pas l'époque exacte où ils ont fonctionné, il dit simplement vers le milieu du XVIIIme siècle, ce qui est bien vague. Nous n'avons pas été plus heureux que l'écrivain agenais et dans les nombreux fonds que nous avons dépouillés nous n'avons jamais rencontré les noms de Moncaut et de Laplume. Nous n'avons donc rien à ajouter, malheureusement, à la notice de la *Revue de l'Agenais*, nous dirons seulement que nous trouvons l'auteur de cette étude un peu sévère, lorsqu'il écrit que l'émail des faïences de Moncaut est presque toujours un peu jaunâtre, brillant, quelquefois même très vitreux et souvent craquelé, etc. ». Nous avons dans notre collection une très jolie soupière de Moncaut, pareille à celle de la planche I de la notice de M. Sabatier, et deux assiettes semblables au nº 2 de cette même planche, et l'émail de ces pièces est d'un blanc parfait, non vitreux et il n'est nullement craquelé. Quant aux formes, au dessin et au coloris de ces faïences, M. Sabatier les décrit parfaitement. Il est évident que le décor est bien naïf et très sommaire, mais l'ensemble ne déplait pas, il est même assez original et peut très bien soutenir la comparaison avec certaines pièces ordinaires de Samadet, de Montauban ou de Bordeaux. Nous avons vu dernièrement dans un magasin d'antiquités de la rue de Seine, à Paris, un joli plat ovale en faïence de Moncaut, dans le genre du nº 4 de la planche I de la notice en question et l'honorable antiquaire en demandait bien cinquante francs, il ne savait pas du tout ce que c'était, mais il trouvait la pièce *amusante*, c'est l'expression dont se servent les antiquaires et les

---

(1) *Les anciens faïenciers de l'Agenais* par E. SABATIER, *avec planches par l'auteur*, Agen, 1898, in-8º de 13 pages et trois planches. Extrait à 50 exemplaires de la *Revue de l'Agenais*.

amateurs quand un bibelot leur parait avoir quelque originalité. Ce prix de cinquante francs, qui est en somme celui d'un bon Rouen *à la corne*, nous prouve que la faïence de Moncaut est déjà appréciée à Paris, où pourtant marchands et collectionneurs ne *marchent* que dans les choses connues et bien cotées, ils ne se hasardent pas dans les chemins non frayés.

Si M. Sabatier a connu les faïenceries de Moncaut et de Laplume et s'il a pu nous en dépeindre les produits, il a ignoré les autres ateliers de l'Agenais que nous allons maintenant faire connaitre grâce à quelques documents inédits que nous avons rencontrés dans nos recherches dans les archives publiques.

§ 1. — Faïencerie de Sainte-Foy-la-Grande (1777-1855)

La ville de Sainte-Foy-la-Grande, située sur la rive gauche de la Dordogne, fait partie aujourd'hui du département de la Gironde, arrondissement de Libourne, mais au XVIIIe siècle elle appartenait à l'Agenais et ressortissait, comme toute cette province, au point de vue administratif, à la Généralité de Bordeaux.

Sainte-Foy a possédé une faïencerie dont il n'a jamais été encore question, ce qui est d'autant plus étonnant que cette manufacture a été assez importante et qu'elle a fonctionné sans interruption de 1777 jusque vers 1855.

En 1764, le subdélégué de Sainte-Foy, M. Bellet, adressait à l'Intendant de Bordeaux (1) la lettre suivante :

« Sainte-Foy, ce 16e février 1764. — Monseigneur, M. Le Ch^{r}
« Petit (2) m'a fait part d'un établissement qu'il voudroit faire dans

(1) Charles-Robert Boutin, Intendant de Bordeaux depuis 1760.

(2) Petit de la Seguinie, ancienne famille noble de Sainte-Foy, Bergerac et Bordeaux (voy. l'*Armorial du Bordelais*, de Pierre Meller, 1906), qui avait des descendants possédant encore, il n'y a pas longtemps, un domaine dans la commune de Saint-André-et-Appelles, canton de Sainte-Foy.

« la ville de Sainte-Foy d'une manufacture de fayance. Il est proprié-
« taire du fonds dans lequel la manufacture de cette espèce établie à
« Bergerac (1) a tiré cy-devant la matière, et qui produisoit une
« fayance beaucoup plus fine que celle d'à présent, les frais de trans-
« port ont sans doute déterminé l'entrepreneur à en chercher de plus
« à portée. Cette terre est à un quart de lieüe de Sainte Foy (2) et il
« sera très aisé de la voiturer icy en descendant la rivière, au lieu
« qu'il faloit la remonter l'espace de trois lieües pour la rendre au
« magasin de Bergerac. L'établissement projetté par M. Petit ne peut
« être que très avantageux à la ville de Sainte-Foy par la consom-
« mation qu'une telle manufacture occasionnera et par le nombre des
« personnes qui pourront y estre employées, principalement dans ce
« lieu cy, où les arts sont sans émulation. J'ay cru que je devois
« avoir l'honneur de vous en prévenir, en vous témoignant la satis-
« faction que les habitans de Sainte Foy auroient d'un tel établisse-
« ment, si vous voulez bien avoir la bonté de le protéger.

« J'ay l'honneur d'estre, avec un très profond respect, Monseigneur,
« votre très humble et très obéissant serviteur.

« *Signé :* BELLET. »

Cette lettre porte en marge la note suivante non signée (3) :

« A Paris, ce 29 février 1764. A M. Bellet. — Rien n'est plus
« favorable, Mr, que l'établissement d'une fayancerie dans la ville de
« Sainte-Foy. Vous voudrez bien assurer de ma part M. Le Cheva-
« lier Petit qu'il peut dès à présent faire toutes les dispositions néces-
« saires pour l'exécution de son projet, l'essentiel est qu'il débutte
« par employer des ouvriers habiles et expérimentés dans le choix
« des matières et l'application des émaux. Au surplus s'il veut avoir
« une permission du Conseil, il suffira qu'il adresse à M. le Contrô-

(1) Il y avait à ce moment une faïencerie à Bergerac dirigée par un sieur Babut. Etablie en 1743, d'abord dans le faubourg de la Madeleine, sur la rive droite de la Dordogne, elle fut transférée un peu plus tard en ville sur les bords de la rivière, dans un local occupé de nos jours par le couvent des Filles du Sauveur. Il y eut à la fin du XVIIIe siècle deux autres fabriques à Bergerac. On ne connait ni leur histoire ni leurs produits ; nous possédons des documents les concernant que nous comptons publier un jour.

(2) Cette argile devait se trouver à l'endroit appelé Le Mignon, au bord de la Dordogne, entre Sainte-Foy et Le Fleix ; c'est là que la faïencerie de Brian, dont nous allons nous occuper, s'est pendant longtemps approvisionnée d'argile.

(3) Cette note est très probablement de la main de l'Intendant Boutin lui-même qui était à ce moment à Paris.

« leur général un placet sur lequel je donneray un avis en faveur de « sa demande. Je suis... (1) »

Cette lettre du subdélégué de Sainte-Foy est le premier document que nous avons trouvé sur la faïencerie de cette ville. Elle nous apprend que le chevalier Petit avait l'intention d'établir une fabrique à Sainte-Foy, mais en fit-il réellement la demande plus tard, obtint-il l'autorisation, enfin fut-il le créateur de la manufacture? C'est ce que nous ignorons. Mais ce qu'il y a de sûr c'est qu'en 1778 il existait une faïencerie à Sainte Foy. L'inspecteur des manufactures de la province de Guyenne écrivait dans son journal d'inspection (2) : « 1778, 20 mai, Sainte-Foy : Faïencerie, il s'en est établie une depuis un an. L'entrepreneur s'en trouve assez bien. Le blanc (3) n'en est pas des plus beaux. »

Un autre document va maintenant nous donner le nom de cet entrepreneur. C'est un mandat d'arrêt délivré contre cet industriel par le Lieutenant Général en Guyenne :

« Philippe de Noailles, duc de Mouchy, Maréchal de France..., « Lieutenant-Général en Guienne. — Sur le compte qui nous a été « rendu des rébellions de la part du nommé Biran (*sic*) fayancier « habitant de Sainte-Foy envers le Sr Lejeune, officier municipal de « cette ville, exerçant la police, nous ordonnons au premier officier « de maraichaussée de le faire arrêter et conduire en prison pour y « être détenu à ses frais pendant 15 jours sauf plus grande peine s'il « récidive. La course des cavaliers employés à l'exécution du présent « ordre sera aux frais dudit Biran (*sic*). — Fait à Paris, le 6 novem- « bre 1778.

[Signé] « N. Maréchal de Mouchy (4). »

---

(1) Archives départementales de la Gironde, série C. (Intendance), liasse n° 1766.

(2) Ce journal a été publié dans le t. XXXVIII des *Archives historiques de la Gironde*. Cet inspecteur était François-de-Paule Latapie, ami du grand Montesquieu, fondateur du prix de la Rosière de La Brède.

(3) Par *blanc* il faut entendre *émail*. Nous croyons, en effet, d'après ce que nous avons pu voir, que l'émail de la faïence de Sainte-Foy a toujours laissé beaucoup à désirer.

(4) Pièce imprimée, Archives municipales de Sainte-Foy, série FF. Ces archives ont été inventoriées en 1906 par M. Gaston Ducaunnès-Duval, employé aux Archives départementales de la Gironde, aujourd'hui archiviste de la ville de Bordeaux, et c'est lui qui a bien voulu nous signaler cette pièce curieuse.

Biran est là pour Brian, car tel est le nom, comme on le verra plus loin, de l'entrepreneur de la fabrique dont parle l'inspecteur des manufactures, fabrique qui aurait été établie en 1777. Il faut même croire que notre faïencier était déjà dans une certaine aisance, puisqu'on lui a fait payer la conduite de la maréchaussée. C'était le bon temps.... pour les gendarmes. De nos jours Pandore ne fait plus ses frais, on le reçoit même à coups de pierres.

Mais cette arrestation de Brian ne fut qu'un incident et la faïencerie continua à fonctionner, bien que dans la *Notice de la Généralité de Bordeaux* adressée au Conseil du Commerce en 1785 (1), l'Inspecteur des manufactures n'en dise pas un mot. Il ne faut pas chercher dans les rapports de ce fonctionnaire une précision trop rigoureuse. Le bon Latapie faisait ses voyages d'inspection très à son aise, monté sur un bon cheval et suivi de son valet, le frère de sa gouvernante, nous apprend-il. Il avait soin d'arriver le soir dans les châteaux où la table était bonne, les hôtes aimables et le lit confortable. Quant aux auberges où il est obligé de s'arrêter, il tient à ce que « le lit soit propre et le vin potable. Je ne puis en boire que très peu, mais ce peu est l'âme de mes repas ». Et après souper, tout en digérant, il se laissait raconter des histoires de brigands. Il nous rapporte qu'à Sainte-Foy vivait une certaine femme Dubernet, qui avait fait le tour du monde et avait toujours passé pour un homme « et dont les O-taïtiens reconnurent le sexe par la finesse de leur odorat ! » A la suite de cette découverte, cette brave femme se maria et se retira à Sainte-Foy, où elle était l'objet de la curiosité des habitants et de ce bon Latapie lui-même, qui croit devoir lui consacrer toute une page de son mémoire.

Mais voici au sujet de la faïencerie de Sainte-Foy, un autre document bien autrement intéressant que le rapport un peu fantaisiste de Latapie.

A la fin du règne de Louis XVI, le gouvernement voulait savoir si les manufactures ne brûlaient pas dans leurs four-

(1) *Archives historiques de la Gironde*, t. XXXIV et XXXV (1899 et 1900).

neaux, les bouches à feu, selon l'expression du temps, les bois propres à la construction et au chauffage, elles n'avaient le droit d'employer que le bois mort ou de nettoyage, le bois de pin, et on aurait voulu surtout leur imposer le charbon de terre. Mais les fabricants étaient réfractaires à ce mode de chauffage à cause des frais de transport, alors surtout qu'ils avaient le bois sur les lieux et en abondance. On trouve dans les archives des anciennes Intendances de nombreux rapports de subdélégués au sujet des usines de leur ressort, tanneries, verreries, faïenceries, etc., et c'est parmi ces rapports administratifs que nous avons rencontré celui du subdélégué Bellet, qui est relatif à la faïencerie de Sainte-Foy et que nous allons donner ici *in extenso* à cause du haut intérêt qu'il présente. Ce mémoire n'est pas daté, mais il a dû être rédigé vers 1788.

« MÉMOIRE RESPONSIF à la lettre que M. Henriot (1) a écrit le « 21 mars dernier à M. Bellet, de la part de M. l'Intendant. — Dans « toute la subdélégation de Sainte-Foy il n'y a point de verreries, « mais seulement deux fayanceries et beaucoup de tuileries répendues « dans ce distric, dans lesquelles il s'y fabrique la cheau, tuiles « creuses, plattes, carreaux et briques pour l'usage des battises du « pays. Les plus aportées des ports des rivières, en fournissent à « Bordeaux et aux villes circonvoisines, mais on ne croit pas que ces « fabriques entrent dans les éclaircissements demandés par les « commissaires du conseil, mais seulement des fayanceries sur « lesquelles on n'a peu avoir des avis certains, sur la quantité des « objets de fabrication, ny du produit des ventes. Néanmoins pour « remplir les vues de M. l'Intendant, on raportera cy après un « apperçu des mémoires ou états qui ont été fournis à raison des deux « fayanceries qui s'exploitent dans ce distric.

« SAINTE-FOY. — Le sieur Brian aîné exploite une fayancerie dans « la ville de Sainte-Foy, appartenant à son père, composée d'un seul « four. Il n'a peu me dire la quantité des objets de fabrication, mais « qu'en général, il s'y fabriquoit toutes sortes de fayanceries, blan- « ches, peintes et grises, dont il ne sauroit donner le détail, et qu'il « faisoit tout au plus vingt fournées par an, que la dépense de chaque

(1) M. Henriot était le Subdélégué de Bordeaux.

« fournée lui coutoit 430 livres. Qu'avant le (traité) du commerce (1)
« chaque fournée produisoit aux environs de 500 à 550 livres, mais
« depuis le traité de commerce avec l'Engleterre, à peine produisent-
« elles de 400 à 450 livres. Ce qui ne présente que de la perte et beau-
« coup de peine et d'embarras pour s'en procurer la vente.

« Le bois qu'on employe au fourneau n'est autre chose que des
« fagots qu'on retire du netoyage des bois taillis et autres, qui ne
» portent aucun préjudice au bois de construction, ny de chaufage, on
« se sert peu de buches et fessonnats.

« Ce fayancier observe, dans un mémoire qu'il a fourni, qu'avant
« le traité de commerce il faisoit quarante fournées par an et qu'il en
« avoit tout le débit et qu'il donnoit à vivre au moins à 50 personnes,
« soit hommes, femmes ou enfans, et qu'aujourd'huy que cette
« partie n'offre que de la perte, il s'est réduit à ne faire plus que
« 20 fournées, qu'il a renvoyé la moitié de ses ouvriers et que s'il
« n'avait été retenu par la crainte de voir une troupe de misérables,
« chargés de famille, réduits à la mandicité, et le mal au cœur d'aban-
« donner une fabrique qui lui a couté au delà de ses facultés pour
« l'établir et la rendre à même de produire quelque petit bénéfice, il
« l'aurait abandonnée sans l'espoir qu'il y aura quelque changement
« dans le système déjà adopté ou que le gouvernement voudra bien
« accorder quelque indemnité pour pouvoir supporter toutes les pertes
« qu'il a epprouvées. Il ajoute que sans quelques secours il ne lui
« sera plus possible de faire travailler, attendu le peu de débit, étant
« chargé de beaucoup de marchandises, sans espoir de pouvoir la
« vendre au détail ».

Le Mémoire responsif du subdélégué de Sainte-Foy parle de deux faïenceries qui auraient existé à cette époque dans son ressort. La seconde était celle du Fleix, petite ville du Périgord, aujourd'hui dans le département de la Dordogne, canton de Laforce, à cinq kilomètres de Sainte-Foy, en amont sur la rive droite de la rivière et qui ressortissait avant la Révolution à la subdélégation de Sainte-Foy.

Il y avait, en effet, au Fleix, à la fin du XVIIIe siècle, une faïencerie tenue par un sieur Bonnet, sur la propriété d'un

(1) Il s'agit du traité de commerce de 1786 passé avec l'Angleterre et dont nous parlons à la note de la page 1.

sieur Reclus (1) dont il était le fermier (2). Cette fabrique était située au Fleix même, sur la Dordogne, à l'endroit où un petit ruisseau, la Charente, vient se jeter dans la rivière et forme un petit port qu'on appelle le port du Fleix-sur-Charente. Latapie ne nous parle pas de la faïencerie du Fleix dans son rapport de 1785, bien que cette fabrique existât déjà, croit-on, en 1783, mais M. Bellet l'a comprise dans son mémoire responsif et donne des détails assez complets sur son fonctionnement, détails que nous ferons connaître plus tard avec les autres documents que nous possédons sur les autres faïenceries du Périgord.

D'après les documents que nous venons de reproduire, nous savons donc qu'il y avait une faïencerie à Sainte-Foy depuis 1777, qu'elle était dirigée par un nommé Brian et qu'elle existait encore en 1788.

Cette fabrique avait-elle été établie à la suite de la demande adressée au Conseil en 1764, par le chevalier Petit, où était-ce le sieur Brian qui en avait été le fondateur. C'est ce que nous ne pouvons dire, car nous ignorons si le chevalier Petit mit son projet à exécution et si l'autorisation sollicitée lui fut accordée. D'ailleurs, à cette époque, on pouvait monter une faïencerie sans autorisation et ce n'est que dans le cas où l'on voulait un monopole qu'il fallait se pourvoir d'un privilège et en faire la demande au Conseil du Commerce par l'intermédiaire de l'Intendant. Ce genre de requête exigeait de nombreuses formalités au siège de la Généralité et à Paris, demandes motivées de privilèges, enquêtes de l'Intendant et de son subdélégué, délibérations du Conseil, délivrance de lettres-patentes, etc., et toute cette procédure a laissé dans les archives publiques de nombreux dossiers que les profanes appellent des paperasses, mais que les historiens qui tiennent à se documenter sérieusement sont loin de dédaigner.

---

(1) Le Fleix est la ville natale de Jean Reclus (1794-1864) l'oncle d'Elisée Reclus, le grand géographe, qui lui est né à Sainte-Foy en 1830.

(2) Cette propriété appartient aujourd'hui à M. Grenier qui s'occupe, croyons-nous, de l'histoire de cette faïencerie et qui a déjà fait à ce sujet une communication dans la *Revue du Périgord* de novembre-décembre 1906.

Malheureusement nous n'avons pas trouvé de dossier de ce genre concernant la fabrique de Sainte-Foy, et nous pouvons en conclure qu'elle a été établie sans autorisation. Mais si nous ne pouvons dire par qui a été créée la faïencerie à son origine, et quel en était le propriétaire, si c'était le chevalier Petit ou le sieur Brian, il est certain qu'à la veille de la Révolution, lors du mémoire responsif du subdélégué Bellet dont nous avons donné le texte, en 1788, elle appartenait à Brian, puisque ce mémoire débute ainsi : « Le sieur Brian ainé exploite une fayancerie dans la ville de Sainte-Foy, appartenante à son père.... » La fabrique était donc à ce moment la propriété de Brian père.

Le rapport de M. Bellet nous donne de plus quelques détails intéressants sur l'importance et le fonctionnement de cette manufacture. Il nous apprend qu'elle n'avait qu'un seul four et qu'il s'y fabriquait toutes sortes de marchandises, blanches, peintes et grises, qu'il s'y faisait une vingtaine de fournées revenant chacune à 430 livres et produisant de 500 à 550 livres. Le fabricant se plaint que depuis le traité de commerce de 1786 avec l'Angleterre ses affaires aient périclité et dit que sans quelques secours il lui sera impossible de continuer. Il faut reconnaitre que le traité de commerce fut très préjudiciable aux céramistes français, mais à ceux surtout qui se trouvaient à la tête de grandes manufactures fabriquant des produits d'un prix élevé ; ceux-là furent réellement atteints par l'introduction des faïences anglaises qui plurent dans les grandes villes à la classe aisée par l'élégance de leur forme, la richesse et la variété de leur décor et enfin par leur prix relativement peu élevé par rapport à celui des belles faïences françaises. Mais dans les petits centres comme Sainte-Foy où la faïence commune resta beaucoup moins chère que les faïences anglaises, les habitants s'en contentèrent et les fabricants n'eurent guère à souffrir du traité avec l'Angleterre, leur production dut rester à peu près la même, et si le sieur Brian formule des plaintes à ce sujet, comme d'autres faïenciers de sa catégorie, c'était pour se rendre intéressant, obtenir des secours ou des abaissements d'impôts. D'ailleurs ce qui prouve que la fabrique de Sainte-Foy n'était pas dans l'état de marasme où elle est représentée par son propriétaire, c'est qu'elle put franchir la Révolution, le Directoire, le Consulat et l'Empire, malgré le préjudice que ces régimes causèrent à l'industrie française, et qu'elle continua à fonctionner pendant toute la première moitié du XIXe siècle.

Nous n'avons trouvé aucun document sur l'existence et le fonctionnement de la faïencerie de Sainte-Foy au XIXe siècle, aussi sommes-nous allé nous renseigner sur les lieux et grâce à l'extrême obligeance de l'abbé Péquignot, un Bordelais, vicaire de la paroisse, qui a bien voulu se faire notre guide à travers la ville, nous avons pu reconnaitre l'emplacement de l'ancienne faïencerie des Brian et voir chez quelques habitants des produits de cette fabrique.

La ville de Sainte-Foy est située sur la rive gauche de la Dordogne et elle est entourée à l'ouest, à l'est et au sud en partie par deux ruisseaux, la Rance et le Vignerol, qui vont se jeter dans la rivière. C'est au milieu de cette sorte d'ilot qu'a été bâtie la ville et au XVIIIe siècle elle était enserrée dans ses murailles qui lui donnaient la forme d'un quadrilatère, comme toutes les anciennes bastides de la Guyenne.

La manufacture de faïence était située à l'ouest de la ville, dans le quartier Lajaunie, à l'extrémité de la rue du Temple, adossée aux remparts, non loin de la place des Victoires et limitée par la rue du Temple et le chemin de ronde qui porte aujourd'hui le nom de boulevard Gratiolet. Une partie de l'immeuble appartient de nos jours à M. Bourdichon, conseiller municipal, qui nous a donné avec la meilleure grâce quelques renseignements très utiles sur l'ancienne faïencerie qu'il a vue fonctionner dans sa jeunesse.

La fabrique a fermé ses fours vers 1854. C'est à cette époque que l'immeuble, qui occupait une assez grande superficie, fut morcelé et vendu, et que le père de M. Bourdichon acheta la partie qu'il occupe actuellement. Le dernier des Brian est mort peu de temps après, en 1860. Il ne laissa que des filles. Il avait un frère qui alla se fixer dans la République argentine.

Le nom de Brian était très répandu à Sainte-Foy et dans le pays, nous en avons relevé une cinquantaine dans les tables décennales de l'état civil de 1803 à 1870. Mais nous n'avons pu établir la filiation exacte des trois Brian qui ont dirigé la faïencerie de 1777 jusqu'en 1854. Le premier est celui qui a fondé la faïencerie en 1777, le second est celui qui est nommé Brian aîné dans le *Mémoire responsif* de 1788 dont nous avons donné le texte plus haut, et qui est désigné comme exploitant la fabrique pour le compte de son père. Ce dernier Brian dut être le père ou plutôt l'oncle du Brian, le dernier propriétaire de la faïencerie, décédé en 1860, et dont le prénom était Mathieu. C'est ce prénom qui nous a permis d'établir l'état civil de ce troisième Brian.

Les Brian étaient tous protestants et Mathieu épousa en 1824, Jeanne-Henriette Roque qui était catholique : « Le 16 mai 1824, mariage de Mathieu Briand (*sic* et non qualifié), né à Libourne le 2 germinal an IV (22 mars 1796), fils de Jean septième Briand et de dame Madelaine Souainier, avec Jeanne Henriette Roque... » (1)

Nous avons fait relever à Libourne, à l'état-civil de cette ville, l'acte de naissance de Mathieu Brian et en voici le texte : « Est né aujourd'hui, le 2 germinal an IV, Mathieu, à dix heures du matin, fils de Jean Briant (*sic*), capitaine de navire et de Magdeleine Souanier, son épouse, habitants de cette commune, rue de l'Egalité, ainsi qu'il m'a été déclaré, en l'absence du père, par Marie Briant, accoucheuse... (2). » Ainsi le père de Mathieu n'était pas faïencier mais capitaine de navire, et c'est pour cela que nous avons supposé que Mathieu était le neveu de Brian aîné qui dirigeait la fabrique en 1788 et qu'il lui succéda. D'ailleurs ces questions de filiation généalogique, dont certains érudits abusent de nos jours, n'a pas une bien grande importance, surtout pour des personnages comme les Brian qui n'ont joué aucun rôle historique, qui étaient de

(1) Etat-civil de Sainte-Foy, acte relevé pour nous par M. l'abbé Pequignot.
(2) Etat-civil de Libourne, acte transcrit pour nous par M. U. Bigot, l'érudit Libournais bien connu.

simples artisans. Le principal est d'avoir pu établir, comme nous venons de le faire et d'une manière certaine, l'existence de la faïencerie de Sainte-Foy qu'on peut placer entre 1777 et 1855, l'emplacement qu'elle a occupé et les noms de ses propriétaires.

Nous pouvons encore citer quelques noms d'ouvriers ayant travaillé à la fabrique de Sainte-Foy, d'après les registres paroissiaux de l'église Notre-Dame : « Du 10 février 1780, baptême d'Alexandre, fils de Louis La Rose, peintre en faïence (1) ». — « Du 8 octobre 1780, baptême de Marguerite, fille de Pierre Beauviel, enfourneur à la faïencerie ». — Du 14 janvier 1788, mariage entre Aymerie Maillès-Marin, garçon faïencier, et Jeanne Pénicaud (2). » De plus, M. Bourdichon, le propriétaire actuel d'une partie de l'immeuble de l'ancienne faïencerie et qui dans son jeune âge a vu fonctionner la fabrique, comme nous l'avons dit déjà, a pu rappeler ses souvenirs et nous citer des noms d'ouvriers comme Desbats (3), Mounier et Paul dit Polonais qui était, parait-il, un habile peintre décorateur. La faïencerie n'occupait qu'une vingtaine d'ouvriers.

Il nous reste à parler maintenant des produits de la manufacture de Sainte-Foy au XVIIIe et au XIXe siècle, car d'un siècle à l'autre il a y eu une grande différence dans cette fabrique, comme dans toutes celles qui ont pu franchir la Révolution, dans les procédés et surtout dans le décor. Il y a

---

(1) Il y a au Musée de Narbonne, qui possède une très belle collection de faïences, une pièce que le *Catalogue raisonné des objets d'arts et de céramique*, par M. Eug. Fil, 1877, in-8°, désigne ainsi : « FABRIQUE DE SAINTE-FOY (Gironde), n° 562 : Barillet (forme bordelaise) ; le décor polychrome offre deux pastorales. Les cerceaux sont émaillés en manganèse ainsi que les fonds. Le goulot est orné de deux petites anses. Dans une guirlande, on lit : FAIT PAR MOI LAROZE *fils*, et auprès du goulot : A SAINTE-FOY. » Jacquemart avait attribué, paraît-il, cette pièce à une fabrique de Sainte-Foy, arrondissement de Dieppe, le rédacteur du catalogue de Narbonne a cru pouvoir la classer comme il l'a fait et on voit qu'il n'a pas eu tort. Nous avons vu nous-même ce barillet et nous avouons que s'il n'y avait pas eu la marque SAINTE-FOY nous l'eussions pris pour de la faïence de l'Angoumois où on a fabriqué beaucoup de ces barillets avec ce genre de décoration.

(2) *Inventaire sommaire des Archives départementales de la Gironde*, série E supplément, t. IV.

(3) Il y a eu des Desbats faïenciers à Bordeaux sous Louis XVI.

même une troisième manière qu'on peut appeler manière de transition et qui comprend les pièces dites révolutionnaires. C'est surtout à Nevers qu'on a fabriqué des faïences à emblèmes révolutionnaires (5), mais il en est sorti d'autres ateliers et on en produit encore des imitations qui se vendent comme anciennes à des amateurs qui aiment à décorer les murs de leur salle à manger avec des inscriptions comme *Plus de prêtres ! La Liberté ou la mort ! A bas Capet ! Vive Marat !* etc. Certains faïenciers, comme ceux de Nevers, avaient abandonné les élégants décors de l'époque Louis XVI pour donner à leurs produits le goût du jour, l'allure démocratique : ils faisaient du commun et y représentaient des scènes de la Révolution, la danse de la carmagnole et même la guillotine — ces dernières pièces sont très recherchées de nos jours par certains amateurs — c'est ce qu'ils appelaient passer du plaisant au sévère. Cette époque de transition de la Révolution et de l'Empire fut la fin des belles faïences françaises, toutes les fabriques qui subsistèrent se mirent à produire du commun pour lutter par le bon marché contre les porcelaines et les faïences fines à la façon anglaise qui, d'ailleurs, n'étaient pas d'un décor assez voyant pour orner les vaisseliers de la campagne et des petites villes.

Les faïences de Sainte-Foy, comme toutes celles de la région sont très difficiles à identifier, elles n'ont pas de marque spéciale et celles que nous avons pu voir ressemblent beaucoup aux produits de Bergerac et de l'Angoumois. D'ailleurs, il n'y

(1) On peut consulter sur les faïences dites révolutionnaires ou patriotiques : *Histoire des faïences patriotiques sous la Révolution*, par CHAMPFLEURY, Paris, 1867, in-8° et sur celles de Nevers en particulier : *Les faïences patriotiques Nivernaises*, par C. P. FIEFFÉ et A. BOUVEAULT, Nevers, 1885, in-4°, superbe ouvrage qui reproduit en chromolithographie plus de 250 assiettes du Musée de Nevers. Nous avons visité en 1905 ce musée qui a été malheureusement relégué sous les combles du palais des ducs de Nevers, alors que les plus belles salles de ce splendide monument sont occupées par des fonctionnaires de différentes administrations. On a consacré une salle spéciale de ce musée aux faïences patriotico-révolutionnaires de fabrication nivernaise et on a placé en face les pièces de fabrication moderne. Excellente idée ! Tout musée devrait avoir sa salle du faux. Ce serait de l'enseignement pratique. Mais l'administration ne favorisera pas une semblable exposition, elle n'aime pas à molester les fraudeurs dont elle peut avoir besoin et dont elle sait se servir à l'occasion.

en a que fort peu chez les habitants, c'étaient des pièces à usage domestique, elles ont disparu par l'usure et elles n'avaient pas assez d'intérêt pour être conservées par les collectionneurs. D'un autre côté, on vous montre assez souvent, dans les endroits où il y a eu des faïenceries, des pièces qu'on croit avoir été fabriquées dans le pays, parce qu'elles sont depuis longtemps dans la famille. — c'est l'expression consacrée — alors qu'elles appartiennent à une autre fabrication, et on est exposé ainsi à faire de fausses attributions. C'est ce qui nous est arrivé à Sainte-Foy. On nous a fait voir chez un pâtissier quelques assiettes comme sortant de l'atelier de Brian et c'étaient des faïences dites au coq-hardi, au décor rouge vif comme celui de Strasbourg, fabriquées à Marans près de La Rochelle, et nous avons appris alors qu'un membre de la famille avait habité l'Aunis : il avait apporté ces assiettes de ce pays.

Quoi qu'il en soit, nous avons pu étudier quelques faïences authentiques sorties des fours de Brian. Celles du XVIIIe siècle sont d'une forme lourde, les assiettes sont petites, creuses, les bords ne sont pas contournés ; l'émail est gris et souvent craquelé, le décor se compose généralement de simples filets bleus et jaunes-ocres sur le marli et au milieu d'une fleurette de mêmes couleurs. On a fait aussi comme partout dans la région du Sud-Ouest de grands plats ronds et ovales très lourds pour aller au four, au décor en camaïeu bleu, bordure et milieu, qui avaient la prétention d'imiter ceux de Rouen ; le dessous des plats n'était pas émaillé, il était recouvert d'un vernis plombifère couleur café, ce sont les fameux « culs noirs » de Voltaire (1). En somme, tout cela est très médiocre.

Il est vrai que nous n'avons cherché à voir que de la faïence ordinaire et non des pièces exceptionnelles comme on en exécute dans tous les ateliers, mais qui ne donnent pas l'idée de la fabrication courante.

Les faïences de Sainte-Foy de la première moitié du

---

(1) Voltaire a écrit, en faisant allusion à ces sortes de plats qui avaient remplacé sur certaines tables la vaisselle d'argent : « Nous mangeons maintenant dans des culs noirs ! »

XIXe siècle sont d'un tout autre genre, elles ressemblent à celles qu'on a fabriquées à cette époque dans d'autres ateliers. Les formes tout en étant encore très lourdes sont plus élégantes, les bords des plats et des assiettes sont contournés, rappelant le style Louis XV, l'émail est plus blanc et meilleur, mais le décor est toujours grossier : ce sont de grosses fleurs aux couleurs vives et crues, rouge et bleue, qu'on rencontre partout, et comme il s'en fait encore à Martres-Tolosane, dans la Haute-Garonne, et dans le Finistère ; ces dernières sont décorées de personnages aux costumes bretons. Ces faïences se vendent à des amateurs peu éclairés comme anciennes, après avoir fait un assez long séjour dans du purin ou du pétrole. C'est le truquage sur toute la ligne.

Outre de la faïence, l'atelier de Sainte-Foy devait fabriquer, comme tous les ateliers secondaires de cette époque, de la poterie commune à usage domestique, vernissée comme les pots ou *pichets* de toutes formes, les casseroles, les terrines appelées dans le pays *gardales*, les cruches, ou mates comme les pots de fleurs, mais elle ne pouvait produire des tuiles, des briques ou de grands carreaux, parce que pour ce genre de fabrication il faut des fours beaucoup plus vastes et que d'ailleurs il y a eu de tout temps et dans toutes les régions des établissements spéciaux, des tuileries, qui avaient la spécialité de cette industrie qui existent encore, alors que les faïenceries ont disparu dans presque toutes les régions où il y en avait autrefois.

Il n'est d'ailleurs pas facile de décrire des faïences, il faut les voir. La tâche de l'écrivain céramiste serait beaucoup plus aisée si dans chaque ville l'administration municipale avait soin de réunir dans une des salles de la mairie des objets touchant à l'archéologie locale et entre autres des faïences. Mais nos édiles sont trop absorbés par la politique et les soins de leur réélection, à Sainte-Foy plus peut-être que partout ailleurs, pour avoir le temps de s'occuper de l'histoire de la ville qu'ils administrent. Les faïences de Sainte-Foy sont communes, nous le répétons, mais il était bon, croyons-nous, de s'en rendre compte et de le faire savoir.

§ 2. — Faïencerie de Nérac (1778-?)

Encore une faïencerie inconnue et des produits céramiques ignorés.

On lit dans le journal de tournée de l'Inspecteur des manufactures, Latapie : « Du 27 mai 1778. — Il y a à Nérac une faïencerie qui ne fait précisément que commencer. » (1).

Et dans son *Rapport sur la Généralité de Bordeaux* adressé au Conseil du Commerce en 1785, le même Inspecteur répète : « Nérac. — Il y a une faïencerie médiocre. » (2).

De son côté, M. l'abbé Dubois, curé de Roquefort (Lot-et-Garonne), dont le nom et la haute érudition sont bien connus des lecteurs de la *Revue de l'Agenais*, a bien voulu relever pour nous l'acte d'état civil suivant sur un des registres de la paroisse de Saint-Nicolas de Nérac : « Le 15 décembre 1779 fut baptisée, en l'église paroissiale Saint-Nicolas de Nérac, Marie Dumon, fille du sieur Nicolas Dumon, peintre en faïence, natif de Bordeaux, et de Marie Deborde, native de Châteauneuf en Angoumois. L'enfant née le 14 décembre eut pour parrain sieur Pierre du Fallen, ouvrier en bouteilles, et pour marraine Marie Filleul. »

Le nom de Dumon ou Dumont est très répandu. Il y a eu en 1765, à Fronsac, près de Libourne, un faïencier venant de cette dernière ville qui s'appelait Dumont, mais qui portait les prénoms de Jean-Michel, ce n'est donc pas celui que nous trouvons à Nérac, en 1779, mais ces deux faïenciers pouvaient être parents.

La date de 1779 relevée dans l'acte baptistaire de Nérac coïncide bien avec celle donnée par l'Inspecteur des manufactures pour l'origine de la fabrique de Nérac. Il eut été d'ailleurs étonnant que dans un centre aussi important il n'y eût pas eu de faïencerie à la fin du XVIIIe siècle. Cependant on n'a

(1) *Archives historiques de la Gironde*, t. XXXVIII, *op. cit.*
(2) *Idem*, t. XXXV, *op. cit.*

jamais cité cet atelier, les documents que nous venons de produire sont les seuls que nous connaissions, et nous ignorons absolument les faïences de Nérac. C'est encore dans le pays qu'il faudra chercher les traces de cet établissement céramique, qui, d'après les rapports de Latapie, a existé sûrement de 1778 à 1785.

§ 3. — Faïencerie de Monsempron (1778-1789)

M. Sabatier a écrit dans sa notice sur les faïenceries de Moncaut et de Laplume : « Il devait y avoir à la même époque une faïencerie à Monsempron, près Libos. Un de mes amis, amateur de faïences, m'a affirmé avoir vu, il y a bien longtemps de cela, une fontaine d'une pâte épaisse et commune et d'un décor très simple, signée : Monsempron. »

Il y a deux ou trois ans, nous trouvant à Agen, un collectionneur nous dit avoir vu, lui aussi, tout dernièrement, entre les mains d'un ferrailleur, une grande fontaine portant le nom de Monsempron. Mais il ne faut pas ajouter d'importance à ces renseignements fournis par des amateurs qui veulent vous allécher, et nous pensions que ce collectionneur gascon avait tout simplement lu l'article de la notice de M. Sabatier.

Aussi étions-nous très incrédule au sujet de l'existence de la faïencerie de Monsempron, lorsque nous mimes la main, aux Archives départementales de la Gironde (1), sur le document suivant. C'est encore la réponse d'un subdélégué à une demande d'enquête sur les forges et fourneaux de son ressort et sur le combustible employé :

« Villeneuve-sur-Lot, le 1er avril 1789. — A M. Henriot, subdé-
« légué à Bordeaux... Nous n'avons pas de fayancerie, ni de verrerie,
« en activité dans ce pays. On a bien fait l'essay d'établir à Monsem-
« pront une fayancerie, mais cela n'a pas réussi.... Une verrerie que

(1) Série C (Intendance), liasse n° 1766.

« nous avions à Saint Silvestre est abandonnée depuis plus de quinze « ans. Au surplus, je vous répète que tous les fourneaux sont « alimentés par du charbon de bois ou par du bois en nature.... » [Signé] : MÉNOIRE (1).

Ainsi, il est certain maintenant, d'après cette pièce officielle émanant du subdélégué de Villeneuve-sur-Lot, qu'une faïencerie a fonctionné à Monsempron sous Louis XVI, mais qu'elle n'existait plus en 1789. Le subdélégué nous apprend que ce ne fut qu'un essai. Par conséquent, une fontaine portant le nom de Monsempron a très bien pu être vue et il serait assez intéressant de la retrouver pour pouvoir se rendre compte de la valeur de cette fabrication qui, d'après l'ami qui l'avait signalée à M. Sabatier, serait « d'une pâte épaisse et commune et d'un décor très simple ».

Il serait bon de savoir encore à qui appartenait cette fabrique et l'endroit exact où elle était située, mais ce n'est que sur les lieux mêmes qu'on peut se livrer à cette enquête

Nous n'avons pas à apprendre aux érudits agenais qui nous feront l'honneur de nous lire ce qu'est la commune de Monsempron, mais ceux de nos lecteurs qui ne sont pas du pays nous sauront peut-être gré de leur faire savoir que cette charmante localité de mille habitants environ est située sur un coteau de la rive droite de la Lemance, à un kilomètre de son embouchure dans la rive droite du Lot, canton de Fumel, arrondissement de Villeneuve-sur-Lot.

On ajoute de nos jours à Monsempron le nom de Libos qui est celui d'un village de cette commune, au confluent du Lot et de la Lemance. C'est là que se trouve la station de Monsempron-Libos du chemin de fer d'Agen à Périgueux et le point de départ de la ligne de Cahors.

Dans son journal des tournées d'inspection en 1778, Latapie (2) ne cite pas la faïencerie de Monsempron, mais en parlant de cette paroisse il dit que c'est un « vilain petit bourg, « tout délabré, sur le sommet d'une colline élevée et qui était

(1) Subdélégué de Villeneuve.
(2) *Archives historiques de la Gironde*, t. XXXVIII, *op. cit.*

« autrefois fortifiée. L'église qui était jadis aux Bénédictins « est remarquable par son antiquité et la solidité de sa cons- « truction. »

L'inspecteur des manufactures de la Généralité de Bordeaux nous apprend encore dans le même journal, que Libos était à cette époque un centre manufacturier très important ; il y avait six papeteries, cinq forges et cinq foulons. Un M. Trenty-Cussac, riche négociant, y avait créé diverses fabriques dont il tirait grand parti et entre autres une minoterie dans sa propre maison et une importante papeterie à Martiloque où il employait des machines très ingénieuses pour le lavage et l'encollage de la pâte à papier. Puis il se livre à une de ces digressions qu'il affectionne :

« J'ai été divinement bien reçu dans cette maison. M. Trenty a « entre autres enfants deux filles, Mlle Suzette qui a une figure dis- « tinguée, une très riche taille et les manières les plus honnêtes, et « Mlle Marianne qui serait assez jolie s'il n'avait point de sœur. « M. Fontanet, oncle de M. Trenty, a voulu absolument que je « logeasse chez lui. Quoique je n'aime pas trop (?) à contracter ainsi « des obligations, il m'a si fort pressé, ainsi que ses petites nièces, « que je n'ai pas pu lui refuser.... »

Il est bien entendu que nous ne faisons ces citations que pour montrer l'intérêt tout philanthropique que Latapie prenait dans la société des jeunes femmes, car il ne faut pas oublier que c'est lui qui institua plus tard le prix de la *Rosière* de La Brède, il est vrai qu'à cette époque il avait 84 ans.

Latapie nous entretient encore dans l'article qu'il consacre à Monsempron et à Libos d'une carrière de pierre dite de Treysseneau, du nom de son propriétaire, située dans la paroisse de Boussac, aujourd'hui village de la commune de Soturac, canton de Fumel. Cette pierre connue sous le nom de *pierre de Condat*, port sur le Lot où on venait l'embarquer, était, parait-il, remarquable par sa blancheur et la finesse de son grain. La couche extérieure de cette carrière, ajoute Latapie, est une terre de couleur de brique, c'est-à-dire que c'était de l'argile ferrugineuse comme la plupart des argiles de nos régions.

Le sol du pays de Monsempron-Libos, traversé par le Lot, la Lemance et d'autres cours d'eau, doit être très argileux et c'est ce qui a donné, sans doute, à quelque propriétaire dont nous ignorons le nom, l'idée d'y établir une faïencerie.

Si le rapport de Latapie est exact, c'est-à-dire s'il n'a pas eu à signaler, en 1778, une faïencerie à Monsempron — il ne parle pas de cette localité dans sa notice de 1785 (1) — et comme d'un autre côté le rapport du subdélégué, en 1789, nous apprend que la fabrique n'existait plus à cette époque, c'est entre ces deux dates, 1778 et 1789, qu'il faut placer l'existence de cette manufacture.

Mais dans tous les cas, comme le dit lui-même le subdélégué, ce ne fut qu'un essai qui n'a pas réussi. On pourrait peut-être encore retrouver sur les lieux les traces de cette faïencerie et le nom de son propriétaire.

§ 4. — Faïencerie supposée de Saint-Savin

(Villefranche-du-Queyran)

Le catalogue du Musée céramique de Sèvres, rédigé et publié en 1897, par le conservateur du Musée, Ed. Garnier, indique sous le numéro 1053, page 344, avec l'attribution à Saint Savin (Gironde), deux pots à tabac de forme cylindrique, hauteur 0 m. 27, diamètre 0 m. 22, décor polychrome dessiné de manganèse, avec sujets allégoriques et portant l'inscription : « Tabac à fumer — Clérac-Tonneins » et la marque de fabrique : « M^{on} de Fayance de Boyer, à Saint-Savin ».

En 1905, lorsque nous allâmes visiter ce magnifique musée, ces pots étaient toujours à la même place, vitrine 57, n°s 8,985, et 6,825, mais ils étaient classés avec l'attribution à Saint-Savin (Lot-et-Garonne). Le nouveau catalogue publié en 1904 par le Conservateur actuel, successeur de Ed. Garnier, ne

(1) *Archives historiques de la Gironde*, t. XXXIV et XXXV, *op. cit.*

désigne pas ces deux pots, le nom seul de Saint-Savin (Lot-et-Garonne) est porté à la table. Or, comment après avoir été attribués à Saint-Savin (Gironde), ces pots sont-ils maintenant classés sous le nom de Saint-Savin (Lot-et-Garonne), c'est ce que nous n'avons pu savoir. On sait que les conservateurs ne daignent pas donner d'explication à ce sujet aux profanes, le *sic volo, sic jubeo...*, est souvent leur seul argument.

Eh ! bien, nous croyons qu'il n'y a pas plus eu de faïencerie à Saint-Savin, arrondissement de Blaye (Gironde), qu'à Saint-Savin, village de 27 habitants de la commune de Villefranche-du-Queyran, canton de Casteljaloux (Lot-et-Garonne). Mais le nom du fabricant Boyer, inscrit sur ces pots, va peut-être nous servir à les identifier.

Pour cela il faut savoir, ce que les conservateurs de musée ignorent, ainsi que les grands écrivains céramistes parisiens qui sont leur seule autorité, qu'il y a eu à Bordeaux de 1765 jusque vers 1840, une faïencerie importante dirigée par les Boyer père et fils. Cette manufacture était située dans la rue de la Trésorerie, faubourg Saint-Seurin. Dans l'ancien temps et encore au XVIIIe siècle on écrivait SAINT-SEVRIN pour Saint-Seurin, le *v* étant là pour un *u*. Le peintre-décorateur des pots en question a pu oublier l'*r* de Saint-Sevrin, ou le confondre avec le *e* dans Saint-Sevin, le rédacteur du catalogue du Musée de Sèvres a lu Saint-Savin et alors il a ouvert un dictionnaire des communes et ayant trouvé un Saint-Savin dans la Gironde, département voisin de celui de Lot-et-Garonne, où se trouvent Tonneins et Clairac, inscrits sur les pots, il a fait son attribution à ce Saint-Savin. Le second conservateur, lorsqu'il a refait le classement, avait sous la main un dictionnaire plus complet, celui des Postes probablement, il s'est aperçu qu'il y avait un Saint-Savin dans le Lot-et-Garonne et il a cru devoir donner la préférence à cette localité.

Il faudrait pouvoir examiner de très près et à la loupe l'inscription de ces pots à tabac, mais les vitrines de nos musées ne s'ouvrent que difficilement devant les braves gens ou les visiteurs instruits, les cambrioleurs seuls connaissent les moyens de se les faire ouvrir ou de les ouvrir eux-mêmes.

On sait que les tabacs de Tonneins et de Clairac étaient et sont encore très réputés et il est sorti des faïenceries de la région de nombreux pots à tabac décoratifs à l'usage des magasins, droguistes, pharmaciens ou épiciers, qui débitaient la plante de Nicot, du fin et du rapé, car on prisait beaucoup plus qu'on ne fumait à cette époque. Il n'y avait pas encore de régie nationale des tabacs, ni de ces débits spéciaux qu'on trouve de nos jours à tous les coins de rue pour empoisonner le peuple et lui soutirer son argent au profit de l'Etat et de ses fonctionnaires.

Ces pots à tabac sont généralement communs, d'une forme et d'un décor dits révolutionnaires, parce qu'ils appartiennent à l'époque des grands principes. Les personnages peints sur leurs flancs sont le plus souvent des soldats ou des marins fumant la pipe ou tenant à la main du tabac en carotte, c'est-à-dire du tabac à chiquer. C'est pendant les guerres de la Révolution et de l'Empire que soldats et marins adopterent la pipe dont l'odeur bien démocratique est maintenant adoptée dans la meilleure Société.

A notre avis, la faïencerie de Saint-Savin n'a jamais existé, et si nous avons consacré un paragraphe à ces deux pots à tabac, c'est pour détruire cette légende inventée par les conservateurs du Musée de Sèvres.

II. — FAIENCERIES DU BAZADAIS

(Bazas. — Meilhan)

§ 1. — Faïencerie de Bazas (1773-1820)

La ville de Bazas qu'une division territoriale révolutionnaire, c'est-à-dire arbitraire, a réduite au rôle un peu humiliant de simple chef-lieu d'arrondissement, était, avant la Révolution, le siège d'un riche évêché et la capitale d'une grande province, le Bazadais, comprenant les arrondissements actuels de Bazas et de La Réole et une petite partie du département de Lot-et-Garonne.

Admirablement située sur le sommet d'un promontoire de forme triangulaire, la ville de Bazas, d'où émerge le hardi clocher de sa superbe cathédrale, un très beau spécimen d'architecture ogivale, domine au sud le vallon du Beuve et c'est au bord de ce ruisseau, non loin de la ville, dans la paroisse de Saint-Michel-de-la-Prade, dont le teritoire fait aujourd'hui partie de la commune de Bazas, que fut établie en 1779 la faïencerie dont nous allons avoir à nous occuper.

Les rares auteurs qui ont cité cette manufacture bazadaise n'ont pu le faire que d'après la liste de Glot de 1790 (1), mais ils n'ont pu fournir aucun détail.

« Bazas (Gironde). Cette fabrique est connue par la liste de Glot » dit Albert Jacquemart dans son *Histoire de la Céramique* en 1873. Ris-Paquot, dans son *Manuel du collectionneur de faïences anciennes* (1877-1878), n'en dit guère davantage : « Nous n'avons aucune connaissance des produits

(1) Voir sur la liste de Glot, la note de la page 1.

céramiques de l'ancienne ville de Bazas. Seule la liste de Glot nous apprend qu'en 1790 une fabrique de faïence y fonctionnait encore. » G. Sabatier, dans sa notice sur les *Anciennes faïenceries de l'Agenais* (1898), en dit un peu plus long : « De même, écrit-il, les faïences de Bazas (Gironde) confondues souvent avec celles de Bordeaux, sont connues d'après les vases de pharmacie de l'Hospice de Bazas et par les vieux pots que l'on voit encore au bureau de tabac de la place du marché et qui sont sortis de la fabrique de M. Beaulos Péchicot, quartier Saint-Michel à Bazas. » Enfin Latapie, inspecteur des manufactures, dans son journal de tournées de 1778 que nous avons cité dans la première partie de notre travail, ne parle pas de la faïencerie de Bazas et il ne peut pas en parler puisqu'en 1778 elle n'existait pas encore, comme nous allons l'expliquer. Mais dans sa *Notice de la Généralité de Bordeaux* rédigée en 1785, Latapie fait allusion à cette fabrique en ces termes : « Au lieu de Saint-Michel, à un quart de lieu de Bazas, à l'est, M. Baulos, bourgeois de Bazas, a établi une manufacture de faïences où il ne se fait encore que des ouvrages très communs ; l'argile du lieu est excellente et l'eau dont on se sert sort d'un rocher. » On va voir que c'est en effet entre ces deux dates, 1778 et 1785, que fut créée la faïencerie qui nous intéresse.

C'est tout ce qu'on sait jusqu'à présent de cette manufacture et on voit que c'est peu de chose. Grâce à quelques documents inédits d'archives et à des renseignements que nous avons été prendre sur les lieux nous allons pouvoir faire connaître un peu mieux cette fabrique et donner un aperçu de la nature de ses produits.

Le premier document que nous ayons rencontré est une demande adressée par le sieur Baulos au Conseil du Commerce, et comme cette pièce offre quelques particularités assez intéressantes nous allons la reproduire ici *in extenso* :

« A Monseigneur de Fleury, Ministre d'Etat et des Finances. — « Partarieu, secrétaire de M. d'Aguesseau, doyen du Conseil, a « l'honneur de mettre sous les yeux de Votre Grandeur le placet cy « joint qui lui a été envoyé par le sieur Baulos son parent, proprié-

« taire de la manufacture de fayance de Bazas. Le suppliant ose se « flatter que Votre Grandeur daignera l'accueillir avec bonté, quoi- « qu'il ne soit appuyé d'aucun de ces noms illustres qui eussent pu l'ho- « norer de leurs recommandations. Il sait depuis qu'il a l'honneur de « connaître Votre Grandeur que la meilleure protection auprès d'elle « est de n'en avoir aucune.

« Monseigneur voudra bien agréer le respectueux hommage des « vœux qu'il fait bien sincèrement pour sa conservation et sa « prospérité.

« A Paris, le 8 juin 1782. [Signé] : Partarieu ».

Et en marge on lit la note suivante :

« Ne se peut, ce seroit lui donner trop d'avantage sur les autres « établissements déjà formés ou qui pourraient l'être. — 18 juin « 1782. — [Signé] : J. de F. »

Cette note, qui est de la main du ministre Fleury, fait allusion à l'objet de la demande du sieur Baulos, dont voici maintenant la teneur :

« A M. de Villevauet. — 8 juin 1782. — Monseigneur, Jean « Donat Baulos, bourgeois de la ville de Bazas, département de « Bordeaux, a l'honneur d'exposer très humblement à votre Gran « deur que voyant ladite ville de Bazas et son alentour, à la distance « de dix lieues, sans manufacture de fayance, il entreprit d'en cons- « truire une près de ladite ville ; son défaut de connoissance dans ce « genre et l'incapacité ou la mauvaise volonté des directeurs qu'il « employa le constituèrent, pendant trois ans, dans une dépense en « pure perte de près de trente mille livres. Parvenu enfin à une heu- « reuse réussite, tout le pays se pourvut avec empressement de sa « fayance qui étoit de la meilleure qualité possible. La consommation « n'étant pas aussi considérable qu'il l'auroit cru et qu'il auroit été « de son intérêt pour réparer ses pertes, il a été nécessité de faire des « envois dans la ville de Bordeaux, mais les frais du transport à faire « deux lieues par terre, la casse qui s'en suit et les droits excessifs à « payer à la douane de Langon et Bordeaux, emportent tous ses « profits et le mettront dans la nécessité de renoncer à sa manufac- « ture si votre Grandeur ne daigne le faire dispenser par Sa Majesté, « des dits droits de douane pendant un certain nombre d'années.

« L'exposant croit mériter cette faveur, ainsi que tous les établisse-
« ments nouveaux auxquels Sa Majesté le communique, par l'utilité
« de sa manufacture pour le vaste pays qui en étoit dépourvu et par
« le malheur qu'il a eu de se constituer en des grands frais dont il
« serait juste qu'il se récuperât en partie par le petit soulagement qu'il
« sollicite. Ce considéré, il vous plaise, Monseigneur, de vos grâces
« obtenir de la bonté de Sa Majesté qu'elle dispense l'exposant, pendant
« tel nombre d'années qu'il lui plaira, de payer les droits de douane
« aux bureaux des villes de Langon et de Bordeaux pour la fayance
« de sa manufacture près la ville de Bazas, qu'il embarquera sur la
« rivière de Garonne, faire inhibitions aux préposés de troubler,
« pendant les dites années, l'exposant dans la libre circulation de la
« dite fayance, il continuera ses vœux pour la conservation de la
« santé et de la prospérité de votre Grandeur. [Signé : BAULOS] (1). »

Cette première pièce d'archive qui n'est en somme qu'une demande du faïencier de Bazas adressée au Conseil du Commerce pour être dispensé de payer des droits de douane à à Langon et à Bordeaux, nous offre cependant, comme nous l'avons annoncé, certaines particularités qui ne manquent pas d'intérêt pour l'histoire de cette fabrique. Elle nous apprend les noms et qualité du propriétaire de cette manufacture, Jean Donat Baulos, bourgeois de Bazas, elle nous fait savoir que c'est lui qui fit construire la fabrique, mais qu'il n'en fut que le propriétaire et non le directeur, cette phrase : « Son défaut de connaissance dans ce genre et l'incapacité ou la mauvaise volonté des directeurs qu'il employa... » nous indique suffisamment que le sieur Baulos n'était pas faïencier lui-même et qu'il faisait diriger son établissement par un homme du métier.

Enfin, en ajoutant « le constituèrent pendant trois ans dans une dépense en pure perte de près de trente mille livres » il nous fixe à peu près sur la date de l'origine de la faïencerie, car trois ans avant cette demande qui est datée de 1782 nous reportent à 1779, et la somme de trente mille livres qu'il dit avoir dépensée en ces trois années montre que tout d'abord il donna une certaine importance à cet atelier, et ce qui prouve-

(1) Archives nationales, Série F. 12 (Conseil du Commerce) n° 1497[1].

rait encore que la fabrication fut dès le début assez abondante, c'est lorsqu'il se plaint que la consommation sur place n'est pas suffisante, et qu'il est obligé de faire des envois à Bordeaux. C'est d'ailleurs pour ces envois qu'il demande la franchise des droits de douane.

Ainsi, nous savons déjà que Jean Donat Baulos, bourgeois de Bazas, installa une faïencerie aux environs de cette ville en 1779 et que, dès l'année 1782 on y fabriquait d'une manière assez active pour pouvoir satisfaire aux besoins de la consommation du pays et expédier au dehors.

Baulos était le nom d'une ancienne famille bazadaise qui a fourni des avocats et des magistrats au présidial de Bazas et plusieurs ecclésiastiques.

En effet, nous relevons dans l'inventaire des registres paroissiaux de cette ville (1), en 1639, un Jacques Baulos, avocat au présidial, époux de Jeanne Litterie; en 1680, un Jean Baulos, avocat; un Jacques-Pierre Baulos, lieutenant particulier, assesseur civil et criminel au présidial, époux de Catherine Bastarisse; en 1721, un Bernard Baulos, fils du précédent probablement et héritier de sa charge au présidial, époux d'Olive Deschamps; et en 1771, un Jacques-Pierre Baulos, fils de Bernard sans doute et lieutenant assesseur également au présidial. Puis, en 1725, c'est le décès de Jacques Baulos, curé de Lucman, dans le Bazadais, et en 1759, le décès également de Jean-Jacques Baulos, chanoine.

Dans son *Armorial du Bordelais*, M. Pierre Meller (2) donne les armoiries des Baulos qu'il divise en deux branches : celle de Bazas et celle de Bordeaux. Nous n'avons pu trouver ni la filiation ni l'état civil de Jean Donat Baulos, le fondateur de la faïencerie de Bazas (3).

Il faut maintenant que nous allions jusqu'en 1786 pour pou-

---

(1) *Inventaire sommaire des Archives départementales de la Gironde*, série E *supplément*, tome I (1898), in-4°, pages 263 et suivantes.

(2) *Armorial du Bordelais, Sénéchaussée de Bordeaux, Bazas et Libourne*, Bordeaux, 1906, 3 vol. in 4°, tome I, page 77.

(3) Au dernier moment, nous recevons de la mairie de Bazas les deux extraits d'actes suivants : « Le 3 nivôse, an III de la République (19 janvier

voir produire de nouveaux documents sur cette manufacture. Il y a aux archives départementales de la Gironde, dans le fonds de l'Intendance (1), un dossier très important d'une vingtaine de pièces relatives à une dérivation du Beuve, le cours d'eau au bord duquel était située la fabrique, dérivation dont le sieur Baulos avait obtenu l'autorisation, qu'il avait fait faire pour alimenter le moulin de la faïencerie, mais qui avait provoqué des réclamations de la part des riverains, et notamment d'un sieur de Labescaut (2). Cette affaire dura plus de deux années et toutes ces pièces, demande d'autorisation, protestations, enquêtes, etc., vont nous fournir des détails très utiles sur l'existence de la faïencerie à cette époque.

Nous ne croyons pas devois transcrire ici toutes les pièces du dossier, nous nous bornerons à analyser les plus importantes, mais nous allons cependant reproduire en entier l'autorisation accordée par le Conseil du Roi au sieur Baulos pour pratiquer cette dérivation, d'abord parce que cette requête va de suite nous mettre au courant de toute l'affaire, et ensuite parce qu'elle est enfouie dans un grand dépôt public où nous l'avons découverte et où il ne serait peut-être pas facile de la retrouver.

« Versailles, le 8 août 1786, n° 14. — Sur la requeste présentée au « Roy en son Conseil par le sieur Jean Donat Baulos, bourgeois de la « ville de Bazas, entrepreneur d'une manufacture de fayance établie « près la dite ville de Bazas, contenant que pour le succès de la « manufacture il a été obligé d'établir un moulin pour broyer les cou-

1795), décès de Donat Beaulos, âgé d'environ 70 ans, cultivateur, époux de Jeanne Herman, dans sa maison, près l'église Saint-Michel. » — « Le 8 pluviôse an IV (28 janvier 1796), décès de Jeanne Herman, veuve de Beaulos, dit « Péchicot ».

(1) Série C, liasse n° 1766.

(2) Ce nom de Labéscaut ou Labescaud, aujourd'hui Labescau était celui d'un domaine, maison noble, qui appartenait au xve siècle à Mgr Du Treuil, évêque de Bazas, et natif de Gans, commune située sur un coteau qui domine le vallon du Beuve. Ces propriétés, qui s'étendaient sur une grande partie du pays, s'appellent encore *Labescau*, terme patois, qui signifie *bien de l'Evêque*. Elles appartenaient, en 1840, à la famille noble de Lonjon et font partie de la commune d'Aillas. (Abbé O'Reilly : *Essai sur l'histoire de la ville de Bazas*, 1841, in 8°.)

« leurs, mais que le cours d'eau sur lequel il a établi son moulin est « insuffisant dans les tems de sécheresse, de sorte que sa manufacture « reste dans l'inaction qui lui est très préjudiciable et qui est même « désavantageuse au public, qu'il désireroit en conséquence pour remé- « dier à cet inconvénient qu'il lui fut permis de dériver les eaux du « ruisseau de Beuve qui coule le long des murs de la ville de Bazas « et de les conduire par une tranchée qu'il feroit faire par le travers « de l'ancien chemin royal de Bazas à Marmande dans les fossés « dudit chemin. Requéroit à ces causes le supliant qu'il plût à sa « Majesté l'autoriser à dériver les eaux du ruisseau de Beuve aux « offres qu'il fait de construire un arceau sur le travers du chemin, « et de rendre les eaux au même ruisseau, de manière que les mou- « lins construits au-dessous n'en puissent éprouver aucun préjudice. « Vû laditte requête, ensemble le mémoire d'observations des admi- « nistrateurs des domaines et l'avis du sieur Intendant et commissaire « departi en la généralité de Bordeaux. Ouï le raport du sieur de « Calonne, Conseiller ordinaire au Conseil Royal, Contrôleur général « des finances.

« Le Roi en son Conseil, ayant égard à la requête, a permis et per- « met au supliant de faire deriver les eaux du ruisseau de Beuve ci- « dessus désigné, et de les conduire par une tranchée sur les travers « de l'ancien chemin royal de Bazas à Marmande dans le fossé dudit « chemin à la charge seulement par lui de ne prendre les eaux dont « il s'agit qu'à une distance de deux cent sept toises au dessus de son « moulin. et de les rendre ensuite au ruisseau de Beuve, à vingt sept « toises au dessous dudit moulin ; de faire construire à ses frais un « aqueduc sous la chaussée de la route à l'endroit de la prise d'eau, « de tenir en bon état le fossé où doit se faire l'écoulement qui longe « les possessions du sieur Mirambert son voisin, et enfin de faire « enregistrer le présent arrêt au greffe du bureau des finances de « Bordeaux et d'en fournir une copie collationnée à François Mellin, « chargé de la régie, et administration des domaines de Sa Majesté. « — [Signé] : De Miromesnil. — De Calonne (1). »

Cette autorisation avait été accordée à la suite d'une demande que Baulos avait adressée au contrôleur général et d'une enquête dressée par l'administration des domaines, pièces qui ne sont pas dans le dossier des Archives de la

(1) Archives nationales, Série E (Conseil du Roi) n° 1646a.

Gironde, et d'un rapport de l'ingénieur de la subdélégation de Bazas, département de La Réole. Ce rapport est très favorable à la requête du sieur Baulos et contient un passage que nous tenons à publier ici parce qu'il a trait directement à la faïencerie :

« Il est généralement reconnu que la fayance fabriquée dans la manu-
« facture en question est très belle et de bonne qualité et que cet établis-
« sement est aussi avantageux pour le Roy que pour le public. Le sup-
« pliant a établi un moulin sur le bord de l'ancien chemin de Bazas
« à Marmande, à gauche et non loin de sa manufacture pour broyer
« les couleurs nécessaires à la peinture de la fayance. Le moulin est
« alimenté par les eaux venant de ses propriétés, mais en temps de
« sécheresse ces eaux étant insuffisantes, il demande qu'il lui soit
« permis de prendre un filet d'eau dans la Beuve. Le point est dis-
« tant de son moulin de 207 toises... »

Ce rapport, daté de La Réole, le 25 février 1786, est signé Delaguette fils, ingénieur des ponts et chaussées, et contre-signé le 6 mars suivant par Brémontier, ingénieur en chef.

Le sieur Baulos, qui signe Baulos Pingaillon, du nom du domaine sur lequel était située la faïencerie, procéda de suite, après l'autorisation reçue, à la dérivation de la petite rivière pour alimenter son moulin. Mais des plaintes venant des autres riverains ne tardèrent pas à être formulées et les plus vives furent celles d'un riche propriétaire, voisin de Baulos, et qui avait lui aussi un moulin sur le Beuve, M. de Labescaut, qui par l'intermédiaire de son gendre, M. Le Blanc de Mauvesin, proteste auprès de l'Intendant de Bordeaux contre l'arrêt du Conseil en faveur de Baulos. M. de Labescaut adresse à ce sujet un long mémoire à l'Intendant, mémoire contenant un plan daté du 10 janvier 1787 et dressé par un géomètre-feudiste de Bazas, qui nous donne la situation exacte de la faïencerie sur le Beuve avec son moulin. L'auteur de ce mémoire fait ressortir que si d'autres riverains n'osent pas se plaindre comme M. de Labescaut, c'est parce que Baulos est parent du subdélégué de Bazas et de plusieurs juges de cette ville. Mais le subdélégué Bourriot répond à cette dernière allégation que sa parenté avec Baulos ne peut l'empêcher d'être juste et il ajoute : *Amicus Plato sed magis amica veritas.*

Dans un autre mémoire très étendu adressé encore à l'Intendant le 19 juillet 1787, Bourriot, le subdélégué de Bazas, parent de Baulos, écrit que ledit sieur Baulos est parfaitement sain d'esprit et est l'inventeur de plusieurs ouvrages de mécanique ; la partie adverse l'accusait de se livrer à des extravagances. Le subdélégué fait le plus grand éloge de la faïencerie, elle se maintient très bien, il y a un grand débit et les ouvriers sont en nombre. On n'y fait pas de la mauvaise fayance blanche et brune :

« La fayance de cette fabrique est de la plus belle forme et d'une « très bonne qualité, mais surtout d'une espèce qui par la tournure « qu'on lui donne, le goût et la délicatesse des couleurs qu'on y appli- « que est très recherchée, de sorte même qu'on en envoie des services « complets dans des maisons distinguées des environs de Bordeaux, « où l'on a témoigné de l'empressement de s'en procurer... Le sieur « Baulos n'est pas fayancier, mais il dirige l'exploitation de sa fabri- « que quand le principal ouvrier qui en est chargé vient à luy man- « quer. »

Malgré toutes les démarches de M. de Labescaut ou plutôt de son gendre, M. Leblanc de Mauvesin, car M. de Labescaut était mort sur ces entrefaites, malgré l'instance introduite devant le Conseil pour faire casser l'arrêt relatif à la dérivation du Beuve, le sieur Baulos obtint gain de cause.

Ce qui ressort de plus intéressant pour nous de toute cette procédure, c'est que la faïencerie de Bazas fonctionnait parfaitement à cette époque, que grâce à certaines pièces et au plan qu'on y trouve, nous connaissons très bien la situation de la fabrique sur le bord du Beuve, situation sur laquelle nous aurons à revenir. Quant à la qualité des produits qui est très flattée dans les rapports favorables à Baulos, nous en reparlerons plus loin, et nous tâcherons de mettre les choses au point.

Dans son journal de tournées d'inspection de 1778, Latapie ne parle pas de la faïencerie, ce qui prouve bien qu'elle n'existait pas encore et qu'elle ne fut créée, comme nous l'avons dit, qu'en 1779. D'ailleurs, l'Inspecteur des Manufactures a bien d'autres choses à raconter. Il nous parle du subdélégué de Bazas, Bourriot, et de son frère l'abbé Bourriot, chanoine de la cathédrale : « Ils ont voulu absolument, écrit-il, que je logeasse chez eux » et Latapie se laisse encore faire violence : « Leur maison est un petit chef-d'œuvre d'élégance pour la distribution des appartements et de l'ameublement. L'enfilade des appartements a 150 pieds de long... J'ai renouvelé connaissance avec le baron de Labescot, riche gentilhomme de ce pays, habitant Bazas... Sa femme qui est de La Réole et sœur de Mme Rauzan, à Bordeaux, est très connue dans le pays par les agréments de son esprit, et M. le cardinal de Bernis la distingua beaucoup pendant son séjour à Bazas. J'ai soupé chez eux... » Latapie nous apprend encore, et toujours avec cette fausse bonhomie de pince-sans-rire, que l'Evêque de Bazas, Mgr de Saint-Sauveur « est très humain et très charitable, seulement, a-t-il soin d'ajouter, il ne passe pas pour avoir les autres vertus apostoliques ». On voit que dans ses tournées d'inspection ce bon M. Latapie s'occupait de beaucoup de choses et mêmes de celles qui ne le regardaient pas. Son journal n'est pas d'une documentation bien rigoureuse, c'est souvent de la chronique amusante et parfois indiscrète.

En 1785, lorsque Latapie écrit sa *Notice sur la Généralité de Bordeaux*, la faïencerie de Bazas existe, mais il se borne à la signaler en quelques mots, car il est probable que les charmes de la maison si hospitalière des Bourriot l'ont empêché d'aller s'en rendre compte sur les lieux.

A la veille de la Révolution, le subdélégué de Bazas eut à se livrer, comme tous ses collègues de la région, pour se conformer aux instructions ministérielles, à une enquête au sujet des moyens de chauffage employés par les fabriques de son ressort, et le sieur Bourriot écrit dans son rapport à l'Intendant de Bordeaux :

Bazas, 6 avril 1789... Il y dans la subdélégation six verreries, savoir : une à bouteilles en verre noir à La Magine, près Bazas ; une dans la paroisse de La Goalade, à deux lieues de Bazas ; une dans chacune des paroisses de Calen, Bernode, Prechac et Artiguevieille.

Ces verreries sont de la nature de celles qu'on appelle communément petites verreries, parce qu'on y fabrique toute espèce de petites pièces, comme verres, flacons, chopines, etc.

Il y a une fayancerie dans la paroisse Saint-Michel, banlieue de Bazas. C'est la seule qui existe dans le département. On y fabrique des pièces d'assez bonne qualité et assez bien tournées pour que le propriétaire ne soit pas obligé de les faire voiturer jusqu'à la rivière de Garonne, et de là transporter à Bordeaux pour s'en procurer le débit. Des Gènois et autres colporteurs venaient en certains temps de l'année sur les lieux pour y faire des achats de ces marchandises (1). Mais depuis le susdit traité de commerce et de navigation (2), il s'en faut de beaucoup que cette manufacture ne travaille autant... Les fourneaux des verreries et de la faïencerie sont chauffés au bois. Le chauffage à la houille serait beaucoup plus dispendieux à cause des frais de transport... (3) »

Malheureusement, ce rapport oublie de nous donner le nom du propriétaire de la faïencerie à cette époque. Etait-ce toujours M. Baulos ? C'est ce que nous ignorons. A-t-il franchi la période révolutionnaire ? C'est ce que nous n'avons pu savoir. Mais ce qu'il y a de sûr, c'est que la fabrique existait encore vers 1820. On trouverait certainement soit à l'état civil de Bazas, soit dans d'autres dépôts dits publics ou chez les notaires les renseignements qui nous manquent. Mais on sait que cette longue période de notre histoire qui va de 1790 à 1804, une des plus chargées en documents sinon une des plus glorieuses, est pour ainsi dire lettre morte pour les travailleurs. Les inventaires sommaires des archives s'arrêtent à 1790, tout comme il y a cinquante ans, et les tables décennales de l'état

---

(1) Il ne faudrait pas croire qu'on venait de Gênes acheter de la faïence à Bazas, mais on appelait à cette époque *Génois*, tous ces colporteurs qui parcouraient les grands chemins en poussant leurs immenses charrettes chargées de poteries et de faïences communes qui primitivement provenaient de Gênes ou plutôt de Savone, centre important de production aux XVIe et XVIIe siècles. C'est attelée à un de ces véhicules qu'est entrée en France, à une époque quelconque, la famille Gambetta, pour se fixer plus tard à Cahors, et on pouvait voir, il n'y a pas longtemps, dans cette ville un magasin en face de la cathédrale portant comme enseigne : *Maison Gambetta, faïences, porcelaines*, etc.

(2) Traité du 26 novembre 1786 avec l'Angleterre.

(3) Toutes les pièces dont nous venons de publier des extraits sont dans la liasse 1766, Série C, des Archives départementales de la Gironde.

civil ne commencent qu'en 1803. On a bien institué tout récemment des commissions départementales chargées de dépouiller et de publier les documents des fonds de la Révolution, les fameuses séries L et Q, mais ces commissions ne fonctionnent que très lentement, nous pourrions dire très prudemment, les membres qui les composent sont tous des fonctionnaires choisis sur le volet et admirateurs par profession du bloc historique, ils n'osent exhumer de tous ces papiers encore maculés de sang la véritable histoire de France, qui va de Mirabeau à Napoléon; il est même question déjà de procéder à un triage :

« Le flot qui l'apporta recule épouvanté !

Quant aux notaires, on sait qu'ils ont peu de goût pour les communications gratuites; ils délivrent bien des extraits d'actes, mais sur un papier qui est beaucoup trop cher, car il coûte trois francs la feuille. Les anciens tabellions avaient pris comme devise : *Lex est quodcumque notamus*, leurs successeurs en ont adopté une autre beaucoup plus pratique : *Acta non verba*.

Nous n'avons donc pas pu suivre la faïencerie de Bazas à travers la Révolution et l'Empire, régimes qui ont été très néfastes pour nos industries nationales, mais nous sommes certain, nous le répétons, qu'elle fonctionnait encore vers 1820. Et faute de documents d'archive, nous avons fait comme pour Sainte-Foy, nous sommes allé nous renseigner sur place et nous sommes arrivé à pouvoir fixer la fin de cette fabrique, à reconnaitre l'emplacement qu'elle occupait et à étudier quelques-uns de ses produits.

Nous avons été aidé dans nos recherches à travers la ville par M. l'abbé Sterling, économe du collège, et par M. Décamps, notable habitant de Bazas (1). Nous avons pu causer avec quelques vieillards de l'endroit qui ont rappelé leurs souvenirs et nous ont assuré qu'il était de tradition que la faïencerie avait fermé ses fours vers 1820 et que c'est à cette époque que le

(1) Nous nous faisons un plaisir de renouveler ici nos remerciements à M. l'abbé Sterling et à M. Decamps pour l'aimable accueil qu'ils ont bien voulu nous faire.

domaine de Pingaillon où elle était située avait été morcelé. Nous étions donc fixé sur ce premier point et on peut établir la durée de cette manufacture de 1779 à 1820 environ.

Avec le plan qui se trouve dans le dossier de l'affaire de la dérivation du Beuve que nous avons analysé plus haut, plan dont nous avions pris un calque et que nous avions étudié avec soin pour pouvoir nous orienter, il nous a été très facile de trouver l'emplacement de l'ancienne faïencerie de la paroisse Saint Michel-de-la-Prade, et nous avons été plutôt le guide de M. l'abbé Sterling et de M. Décamps qui nous accompagnaient, qu'ils n'ont été le nôtre, et après avoir suivi pendant quelques minutes la rive gauche du Beuve nous aperçûmes à mi-hauteur du coteau qui borde le ruisseau de ce côté, juste au-dessous de l'ancienne église Saint-Michel, un groupe de bâtiments, c'était la faïencerie.

Le charmant ruisseau qui a nom le Beuve prend sa source au sud-ouest de Bazas, à Marimbaut, formé par trois fontaines, sœurs jumelles que les gens du pays appellent *les tres sos*, les trois sœurs, il contourne ensuite au sud la colline sur laquelle s'élève la ville de Bazas, il traverse une merveilleuse vallée, la région la plus fertile de tout le Bazadais et après un parcours de vingt-cinq kilomètres, il va se perdre dans les flots de la Garonne à Saint-Pardon. Le Beuve n'a qu'un seul défaut, pendant les grandes chaleurs de l'été il est comme le Mançanarez, il est souvent à sec et c'est pour cela que les riverains lui ont donné dans leur langue patoise si imagée, l'épithète d'*Escoute-pluie*.

« Je suis un Géant, un Hercule,
« Et ne crains que... la canicule.

a écrit le poète, car le Beuve a eu son poète tout comme le Ciron, son voisin et son rival, il a eu même les honneurs d'un poème, de cinquante pages s'il vous plait (1).

Mais le jour où nous fîmes notre voyage d'exploration sur

---

(1) J.-L. Travovat, professeur au collège de Bazas, *Le Beuve, poème*, Bazas, 1898, petit in-8° de 16 pages. — Abbé Ferrand, *Le Ciron, raconté par lui-*

les rives du Beuve, à la recherche de l'ancienne faïencerie, par une belle après-midi chaudement ensoleillée du mois de mars, ses eaux étaient claires et abondantes, et au fond de ce vallon déjà tout verdoyant on eut aimé vivre, travailler en toute tranquillité d'esprit, loin du bruit des villes et des hommes, des tramways et des automobiles... si on avait pu seulement y trouver des bibliothèques et des archives.

C'est à M. Bauché, horticulteur, qu'appartient aujourd'hui la partie de l'ancien domaine de Pingaillon, morcelé vers 1820, comme nous venons de le dire, où se trouvent les constructions de la faïencerie de Baulos. M. Bauché nous a fait visiter lui-même ces bâtiments en nous donnant toutes les explications désirables (1).

L'immeuble de l'ancienne fabrique est encore presque entièrement debout. Nous avons pu y reconnaître à l'entrée, au milieu de la construction, une sorte de cour et de hangar actuellement découvert qui devait servir de magasin où les gens du pays, les marchands, les fameux Génois ou colporteurs, venaient s'approvisionner en gros, pour la vente au détail il y avait sans doute un magasin en ville. A droite de cette cour, on remarque, dans une grande pièce, des restes de fours en briques, c'était la chambre des fours. A gauche de l'entrée, une autre grande pièce, avec traces de grandes fenêtres qui ont été en partie bouchées, c'était la pièce réservée aux mouleurs, tourneurs et peintres décorateurs. Il devait y avoir encore, au dehors de l'immeuble, des hangars ou appentis appliqués contre les murs où se faisaient les autres manipulations, comme le lavage et la trituration de l'argile, la

---

même, poème (environ 350 vers !) dans les *Actes de l'Académie de Bordeaux*, 1898. C'est la publication de ce dernier poème qui a réveillé la muse de l'abbé Travoyat :

« Le Ciron qui, demeuré coi
« Jusqu'à ce jour (marque évidente
« D'une raison saine et prudente),
« S'avise, je ne sais pourquoi,
« De faire aussi gémir la presse....

(1) Nous remercions encore M. Bauché de l'accueil qu'il nous a réservé et de tous les renseignements qu'il nous a fournis.

trempe de la couverte, émail ou vernis, etc. En somme cette disposition qu'on peut relever dans ce qui reste de la faïencerie de la paroisse Saint-Michel était celle de toutes les petites faïencerie du XVIIIe siècle (1). Il ne reste rien du moulin au bord du Beuve où on broyait à la meule les matières propres à l'émail et aux couleurs et pour lequel le sieur Baulos avait fait dériver le cours d'eau, mais au loin, en aval du ruisseau, on aperçoit quelques pans de mur de l'ancien moulin de M. de Labescaut.

Après avoir visité avec soin ce qui reste de cette faïencerie et avoir parcouru les jardins qui l'entourent et où on trouve encore assez souvent, paraît-il, en travaillant la terre, des débris de poterie et de faïence, nous avons gravi la pente de la colline jusqu'à son sommet où s'élève la vieille église Saint-Michel, église bien modeste, d'un style architectural indéterminé, mais dont la construction peut remonter au XVe siècle ; l'église n'est plus paroissiale depuis la Révolution, mais elle est encore desservie par le clergé de la cathédrale Saint-Jean de Bazas. Enfin, avant de quitter le faubourg Saint-Michel, nous n'avons pas manqué d'aller admirer la vue magnifique dont on jouit, depuis la terrasse derrière l'église, sur toute la vallée du Beuve jusqu'à la Garonne.

L'emplacement de l'ancienne faïencerie de Bazas étant maintenant bien déterminé, nous allons nous occuper de ses produits.

Nous ne pouvons que répéter ici ce que nous avons dit au sujet des faïences de Sainte-Foy, tous les produits de ces ateliers, de second ordre, sont devenus très rares, ils n'ont pas de marque spéciale et il est ainsi très difficile parfois de les identifier. Ce n'est que dans quelques établissements publics ou

---

(1) On peut consulter sur l'installation et le fonctionnement des manufactures de faïence au XVIIIe siècle la grande *Encyclopédie* de Diderot et D'Alembert, Paris, 1751-1780, 35 vol. in-fol., le meilleur ouvrage sur la matière, les planches gravées surtout sont intéressantes pour les arts et métiers. Pour la première moitié du XIXe siècle on trouve aussi dans l'*Encyclopédie méthodique*, Paris, Pankouke, 1782-1832, 166 vol. in-4° et 51 part. renfermant 6.432 pl. des renseignements précieux.

quelques anciennes familles qu'on peut en trouver d'authentiques pour les décrire.

A Bazas, les pots à tabac signalés par M. Sabatier dans sa notice sur les faïences d'Agen (1) et qui étaient conservés au débit de la place de la Cathédrale ont disparu avec la gérante qui a quitté la ville. Mais nous croyons bien que ce sont ceux qui ont figuré, il y a deux ans, à la foire de Bordeaux : le marchand antiquaire qui les possédait et qui les a vendus à un amateur bordelais, les avait achetés à Langon. Ces pots étaient de forme ovoïde, sans couvercle — les pots de ce genre avaient habituellement les couvercles en bois ou en métal — d'un décor en camaïeu violet manganèse représentant des soldats des époques de la Révolution ou de l'Empire fumant la pipe et entourés de quelques sujets allégoriques. De plus, ils portaient, croyons-nous, l'inscription de *Tabac de Clairac*. Ces pots, comme on le voit, ressemblent beaucoup à ceux qui sont conservés au Musée de Sèvres et dont nous avons parlé dans notre paragraphe sur Saint-Savin.

Quant aux pots de pharmacie de l'hospice, signalés aussi par M. Sabatier, ils sont toujours là. Cette pharmacie de l'hospice de Bazas, fondé, croit on, par Saint Vincent de Paul, est tenue dans un ordre et avec une propreté irréprochables par des Sœurs de charité qui ont bien voulu nous en faire les honneurs. Il y a là une cinquantaine de pots, grands et moyens, et quelques cruches à sirop de la forme dite balustre sur piédouche, style Louis XV, et quelques pots moyens de forme droite. Tous ces pots sont d'un émail grenu gris-bleuté un peu craquelé et d'un décor en camaïeu bleu à dentelles genre Rouen, mais le tout très grossier. Ces vases doivent bien sortir des fours de l'atelier de Baulos au XVIIIe siècle, car ils ne ressemblent à rien, ce n'est ni du Rouen, ni du Bordeaux, ni du Nevers, ville où on a fabriqué beaucoup de pots de pharmacie au XVIIIe siècle.

Nous recommanderons aux érudits ou aux simples curieux qui s'occupent de céramique de ne pas manquer d'aller visiter les hospices ou les hôpitaux, ils trouveront presque toujours

(1) *Op. cit.*, page 413.

dans les pharmacies de ces établissements des faïences très intéressantes et fabriquées généralement dans le pays. Ainsi, l'hospice d'Agen possède dans sa pharmacie une série de pots provenant, non de la fabrique de Moncaut, comme on le croit, mais de celle de Hustin de Bordeaux. A Montauban, à l'hôpital également, nous avons pu voir quelques pots de fabrication locale et notamment un grand vase décoratif placé dans la salle du conseil (1). A la Rochelle, et toujours à l'hôpital, on nous a montré quelques pièces très curieuses. Mais la collection la plus importante que nous connaissions de pots de ce genre est celle qui se trouve à l'hospice des Enfants-Assistés de Bordeaux : il y a là toute une pharmacie se composant de plus de deux cents pièces, pots et cruches de toutes formes et de toutes dimensions, au décor polychrome, sorties au XVIIIe siècle de la manufacture royale de faïence de Hustin de Bordeaux (2). On peut voir encore dans cette ville, au Bureau de bienfaisance de la rue Castillon, de très beaux vases de pharmacie décoratifs, de grande dimension et sans inscription, au décor polychrome très riche. Ces vases proviennent également de l'atelier de Hustin (3).

Après notre visite à l'hospice de Bazas nous avons pu voir

---

(1) Voy. *Anciennes faïences de Montauban*... par Ed. FORESTIÉ, Montauban, 1876, in-8°. C'est l'auteur de cette excellente monographie lui-même qui nous a fait visiter la pharmacie de cet hôpital. Il y a encore des pots de pharmacie au Musée Saint-Raymond à Toulouse, ils sont de l'époque de Louis XV fabriquées à Martres-Tolosane ; ils sont très communs de forme et d'émail et d'un décor médiocre en camaïeu bleu. Ils proviennent de la pharmacie d'un couvent récemment fermé.

(2) Cette pharmacie a été décrite dans *Histoire de la Corporation des apothicaires de Bordeaux*... par Emile CHEYLUD, Bordeaux, 1897, in-8°, avec des reproductions photographiques.

(3) Ces pots remarquables, les plus beaux spécimens de la fabrication bordelaise que nous connaissions, étaient au nombre de douze, mais il n'en reste plus que six. Ils devaient décorer le haut des vitrines d'une de ces pharmacies de de l'ancien temps, qui, avec leurs belles boiseries sculptées et leurs faïences artistiques, avaient un tout autre aspect que les officines de nos potards modernes qui en gens pratiques ont transformé en bazar le sanctuaire de la pharmacopée. Quant aux douze beaux vases de faïence, s'ils ont été réduits au nombre de six c'est que quelques collectionneurs ont dû capter la confiance des Sœurs qui tenaient la pharmacie de la rue Castillon et s'en faire offrir quelques-uns.

et examiner quelques pièces de faïencerie de fabrication locale chez les habitants de la ville. M. Touchard a bien voulu nous montrer notamment la lampe du sanctuaire de l'église Saint-Michel, qui orne son vestibule et dont la provenance est bien authentique C'est le même genre de fabrication que les pots de pharmacie de l'hospice : émail gris-bleuté, décor grossier en camaieu bleu rehaussé de violet manganèse. Nous avons vu encore chez M. Touchard quelques assiettes au décor polychrome et de meilleure qualité que les pièces que nous venons de décrire. On nous avait signalé aussi deux assiettes curieuses représentant la tête coupée de Saint Jean-Baptiste, patron de Bazas, mais nous n'avons pu rencontrer chez lui leur propriétaire.

De ce que nous venons dire des faïences de Bazas que nous avons examinées, il ressort que ces produits céramiques sont médiocres comme ceux de Sainte-Foy : l'émail en est mauvais, gris-bleuté et souvent craquelé, ce qui prouve sa mauvaise qualité (1), le décor grossier comme dessin a été généralement peint en camaieu bleu fortement contournée de violet manganèse, comme toutes les faïences du Sud-Ouest. On a dû fabriquer dans les ateliers de Baulos beaucoup de ces grands plats allant au four, avec le dessous en vernis couleur café, dont nous avons déjà parlé dans notre paragraphe sur Sainte-Foy, car nous en avons vu dans plusieurs maisons. Ces plats sont presque toujours en mauvais état, n'ayant pu résister au long usage qu'il en a été fait, ils sont craquelés, fendus et ébréchés, mais leurs possesseurs continuent à en décorer (?) les murs de leur cuisine et de leur salle à manger.

---

(1) Il ne faudrait pas croire, ainsi que le disent parfois certains marchands pour se défaire de pièces défectueuses, que ce craquelage est un genre de fabrication spéciale comme les porcelaines de Chine craquelées. Le craquelage des faïences anciennes provient de la mauvaise qualité de l'émail, comme par exemple celui des belles faïences de Rouen, et de leur passage fréquent dans des fours trop chauds et des lessives bouillantes. A notre avis c'est une tare rédhibitoire pour les faïences artistiques sur le compte desquelles l'éducation de beaucoup d'amateurs est encore à faire.

2. — Faïencerie de Meilhan en Bazadais

Meilhan, commune de l'arrondissement de Marmande (Lot-et-Garonne) et dont le bourg est situé en amphithéâtre au-dessus de la rive gauche de la Garonne et du canal latéral, était autrefois une paroisse appartenant au Bazadais.

On n'a jamais parlé d'une faïencerie ayant fonctionné à Meilhan et pourtant nous avons mis la main sur le document suivant (1) :

« La Réole, ce 5 avril 1789, — à M. Henriot, subdélégué à Bordeaux. D'après tous les renseignements, Monsieur, qui m'ont été « fournis de tous les lieux en ma subdélégation, il paroit que dans « toute son étendue il n'y a ni verrerie, ni fayancerie, ni aucuns autres « fourneaux de cette nature : il y avoit bien une fayancerie à Meilhan, « il y a peu d'années, mais elle a cessé de travailler depuis longtemps « sans espoir de la voir rétablie.

« J'ai l'honneur.... (Signé) : Du Nougués de Casseuil. »

Ainsi, d'après ce rapport du subdélégué de la Réole, il est bien certain qu'il y eut à Meilhan en Bazadais, avant 1789, une faïencerie. Où était-elle située exactement, quel en était le propriétaire et quels en furent les produits ? C'est en faisant encore des recherches sur place qu'on pourrait peut-être répondre à ces questions. Pour nous, nous n'en savons pas davantage.

Les documents que nous venons de reproduire avec des notes et des commentaires font connaitre cinq faïenceries de l'Agenais et du Bazadais inconnues jusqu'à présent. Nous n'avons fait que signaler pour ainsi dire, par de simples pièces d'archive, les fabriques de Nérac, de Monsempron et Meilhan, mais pour celles de Sainte-Foy et de Bazas nous avons pu fournir des renseignements assez complets sur leur

(1) Archives départementales de la Gironde, Série C. liasse n° 1766.

existence, leur emplacement et leur proprietaire, et ce n'est que sur les lieux qu'on pourra trouver dans les archives publiques ou particulières, des détails plus complets sur les premières. Il serait à désirer que ces recherches fussent faites par des érudits s'intéressant à l'histoire de la céramique de leur région.

Quant aux produits de ces faïenceries, nous le répétons en terminant, ils sont rares et difficiles à identifier faute de marques spéciales. Mais il doit en rester encore chez certains habitants des localités où ces ateliers ont fonctionné et ce serait encore sur place qu'on pourrait en découvrir des spécimens intéressants.

Que chaque mairie consacre une ou deux salles pour réunir tous ces objets anciens trouvés dans la région, faïences ou autres, témoins de la vie de nos ancêtres, et outre que ces petits musées attireraient des étrangers, simples curieux ou érudits, ils contribueraient encore à fournir des documents très précieux pour écrire l'histoire et l'archéologie de la commune. C'est le vœu que nous exprimons en traçant la dernière ligne de cette notice.

INDEX DES NOMS

Les noms de personnes sont imprimés en caractères romains et les noms de lieu en caractères italiques.

TABLE DES MATIÈRES

RAPPORT 

LB

www.ingramcontent.com/pod-product-compliance
Ingram Content Group UK Ltd.
Pitfield, Milton Keynes, MK11 3LW, UK
UKHW022134260726
13993UKWH00003B/1423

9 782329 229188